SUPER
KAKURO

THE PUZZLE CRAZE THAT'S TAKING THE WORLD BY STORM!

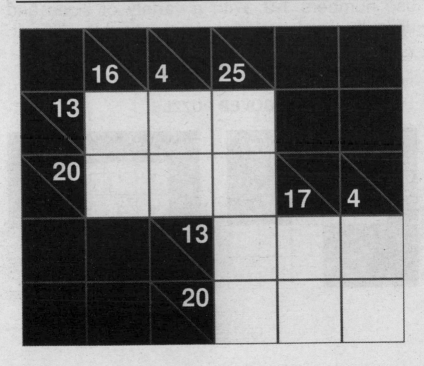

Modern Publishing
A Division of Unisystems, Inc.
New York, New York 10022

Kakuro consists of a playing area of filled and empty cells similar to a crossword puzzle. The numbers in the black squares around the edges of the blocks are called **clues**. The **clues** will tell you the sum of the number in that block. The numbers printed in the black squares above the diagonal lines are called **across clues**. Clues that appear below the line are called **down clues**. The clues will tell you the sum of numbers in that particular block, but you cannot repeat a number in a given block and can only use numbers 1-9. With a variety of sizes and difficulty levels ranging from easy to difficult, you'll be a Kakuro expert in no time!

COVER PUZZLE

	16	4	25		
13					
20				17	4
		13			
		20			

	16	4	25		
13	7	1	5		
20	9	3	8	17	4
		13	3	9	1
		20	9	8	3

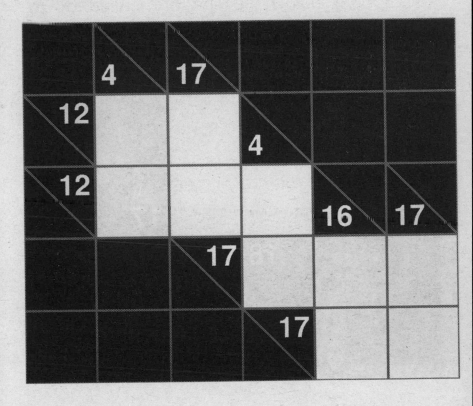

3

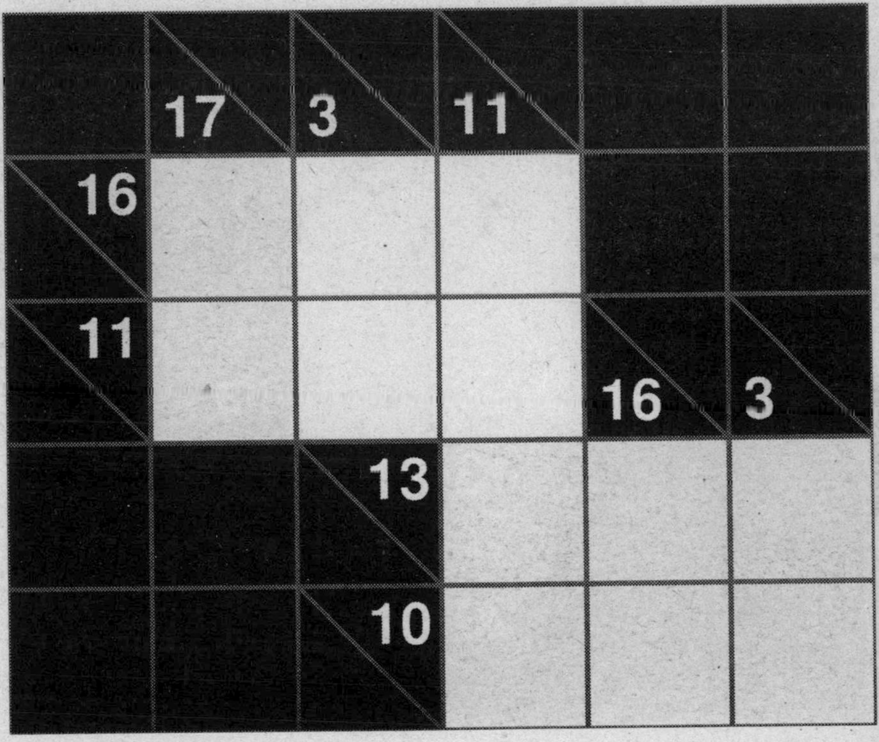

4

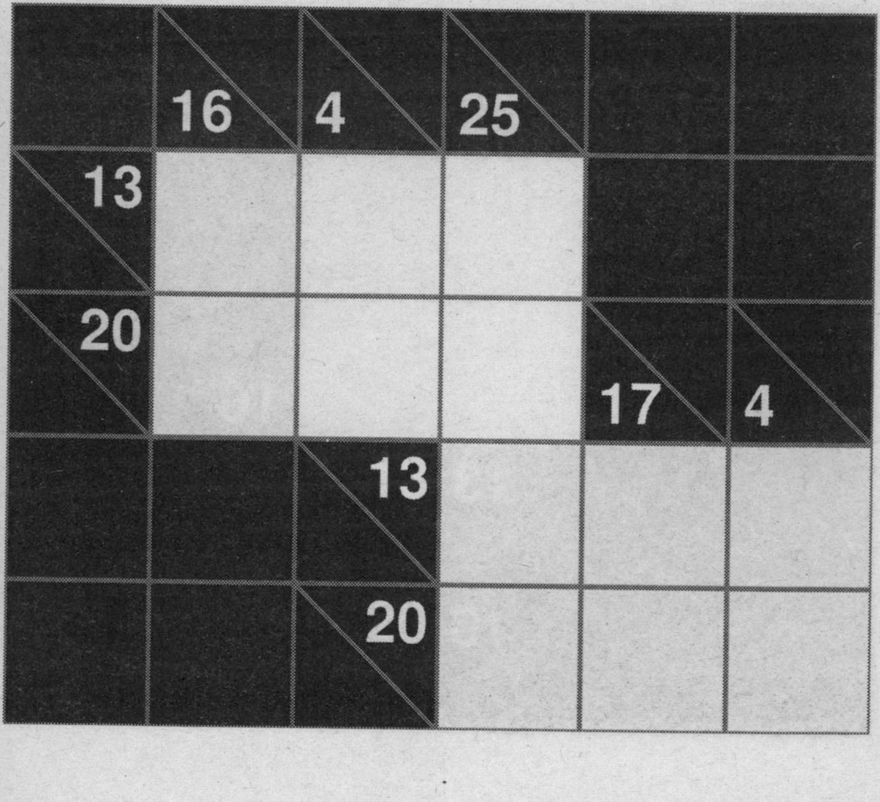
16
4
25
13
20
17
4
13
20

5

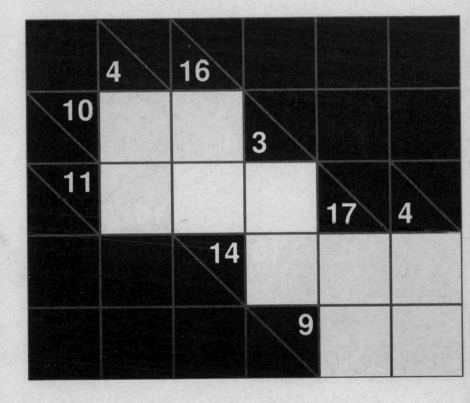

6

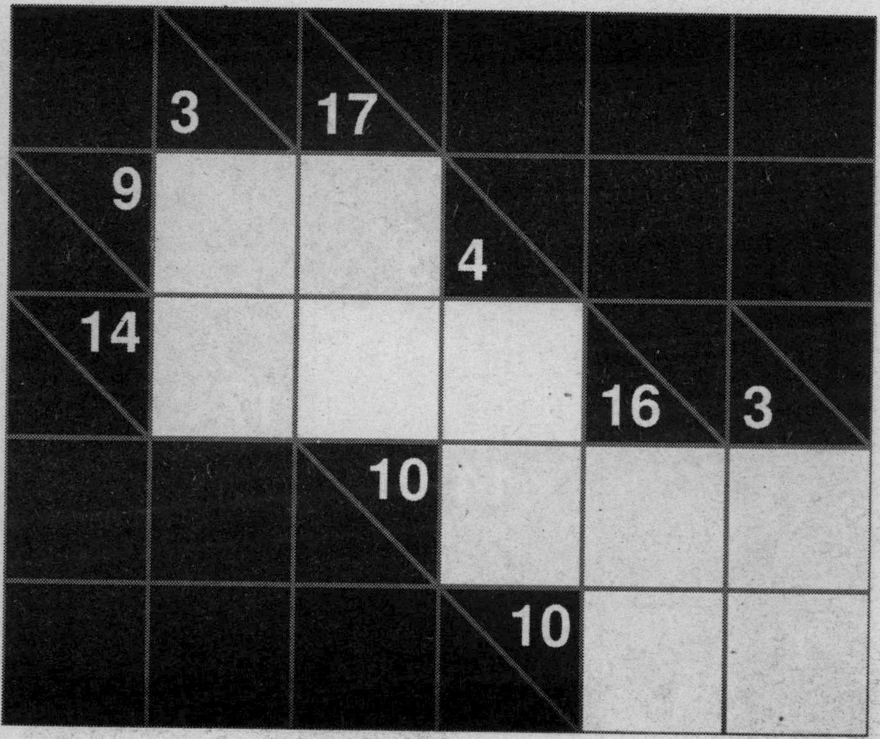
3
17
9
4
14
16
3
10
10

8

9

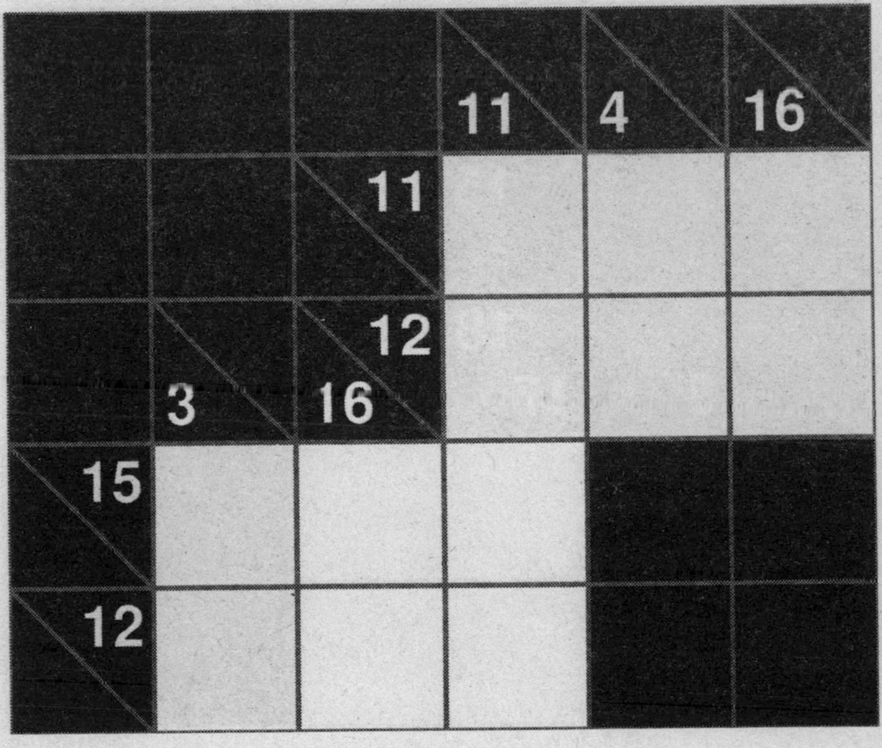
11
4
16
11
12
3
16
15
12

10

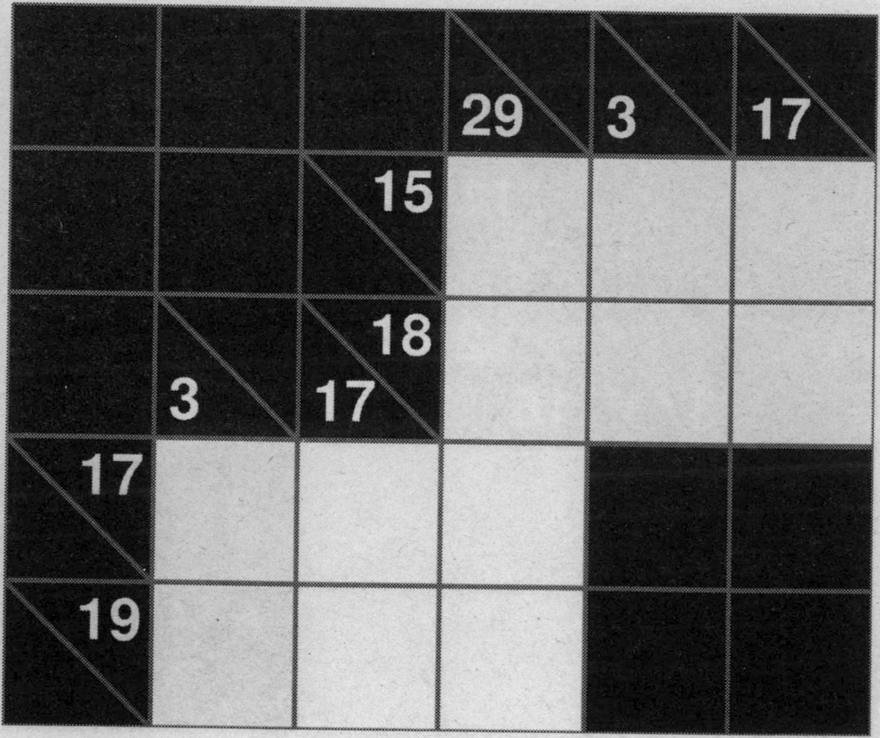

	4	24	30		
14				6	
19					4
	22				
		13			

15

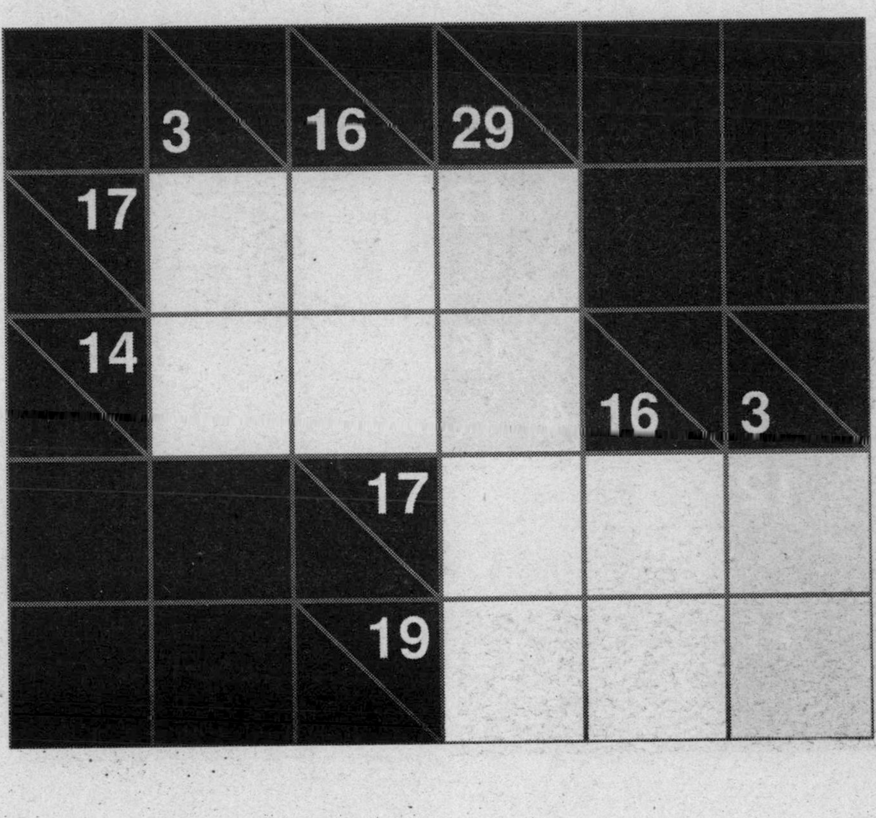

16

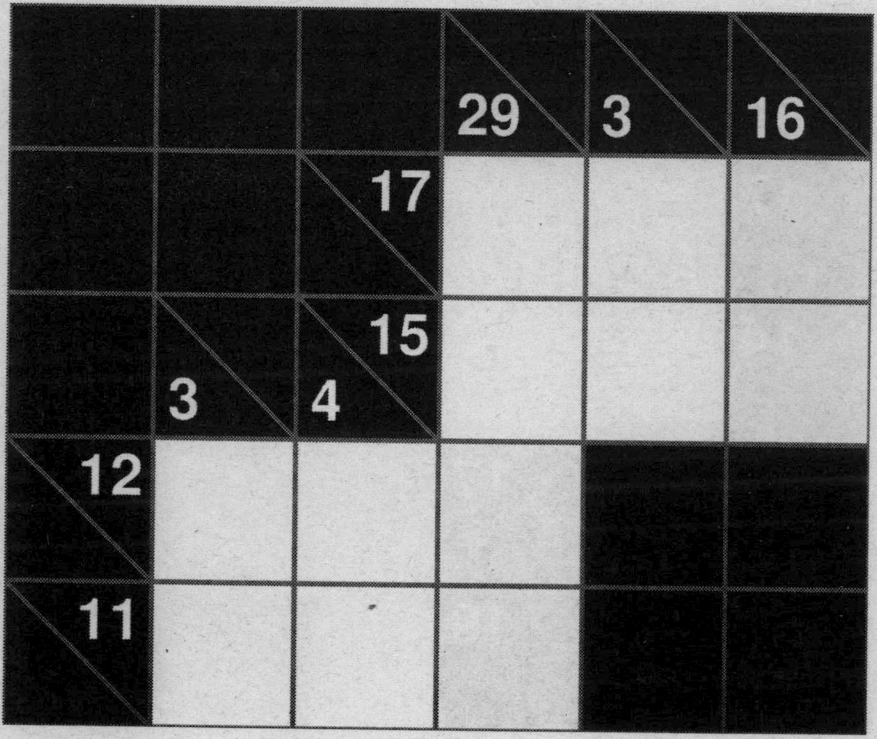

18

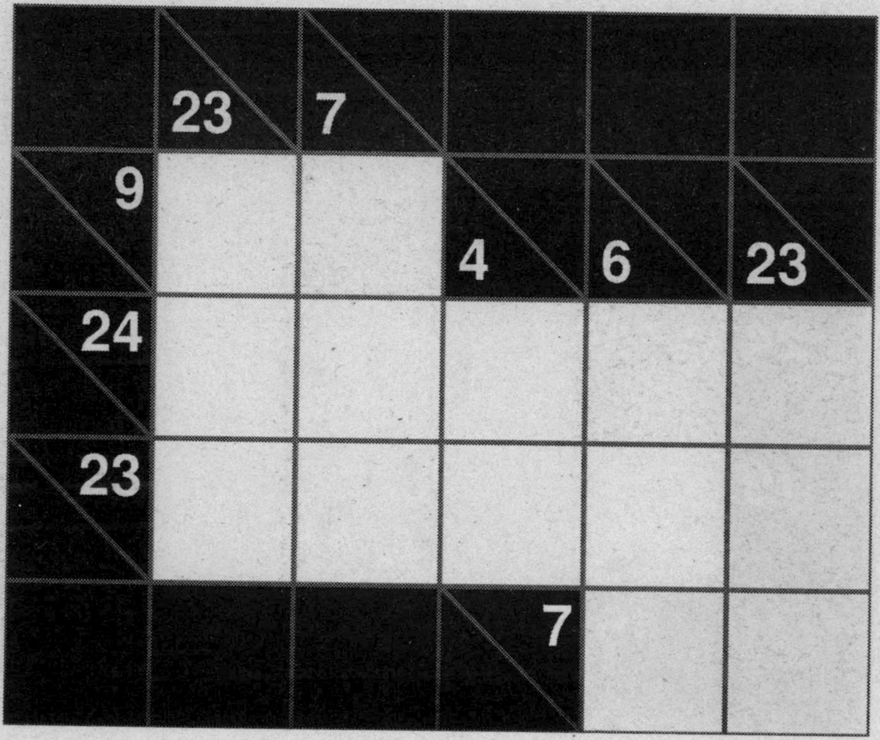
23
7
9
4
6
23
24
23
7

19

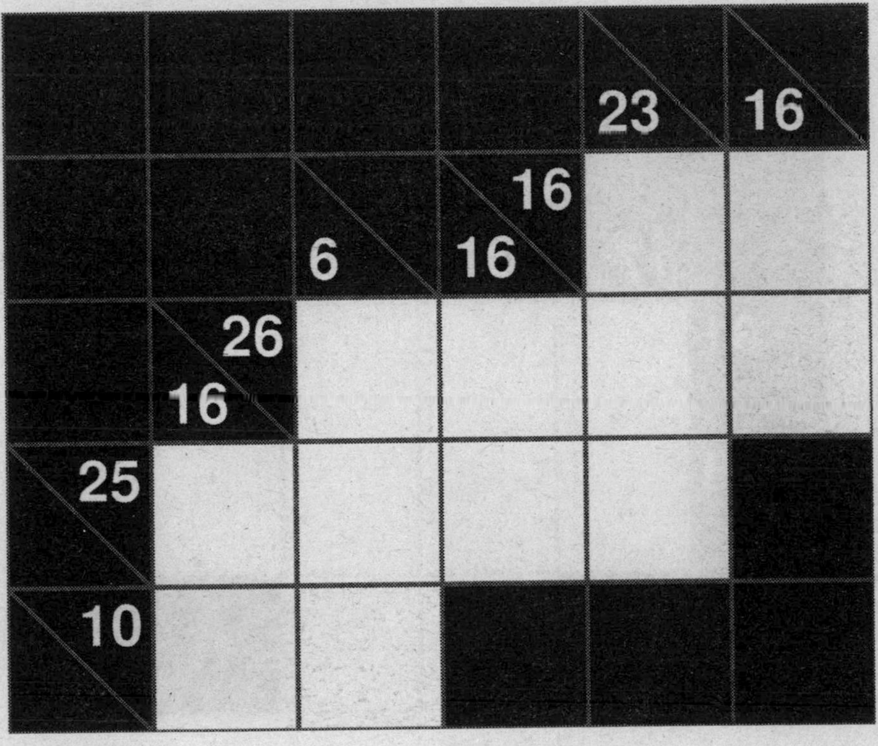

20

		11	12	28	
15 / 4					17
21					
29					
	7				

22

■	■	■	28\	24\	3\
■	■	24\18			
■	4\21				
\24					■
\20				■	■

23

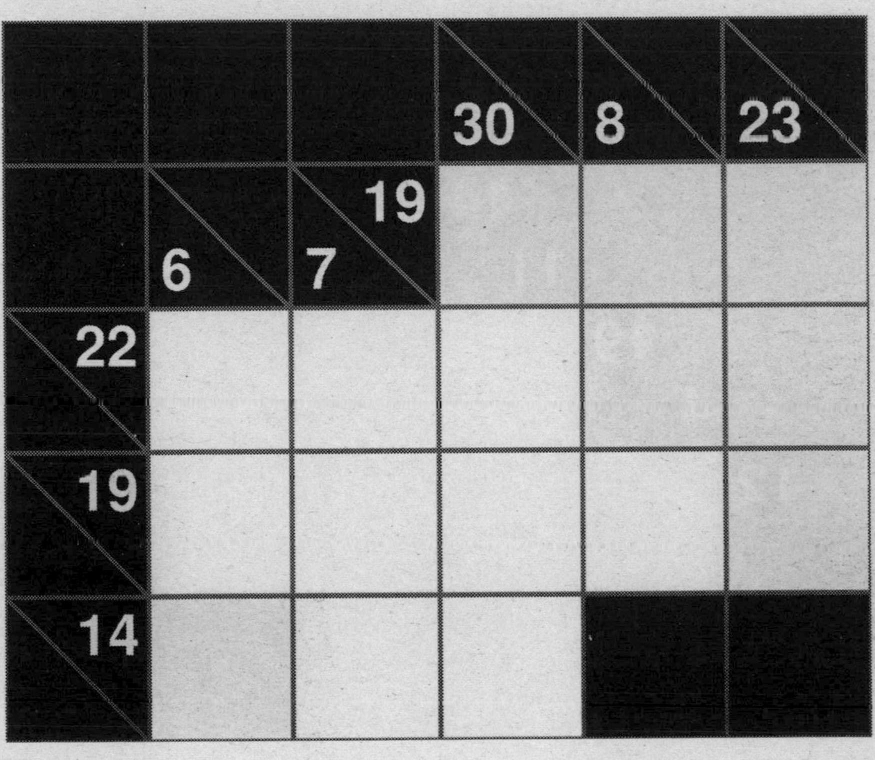

24

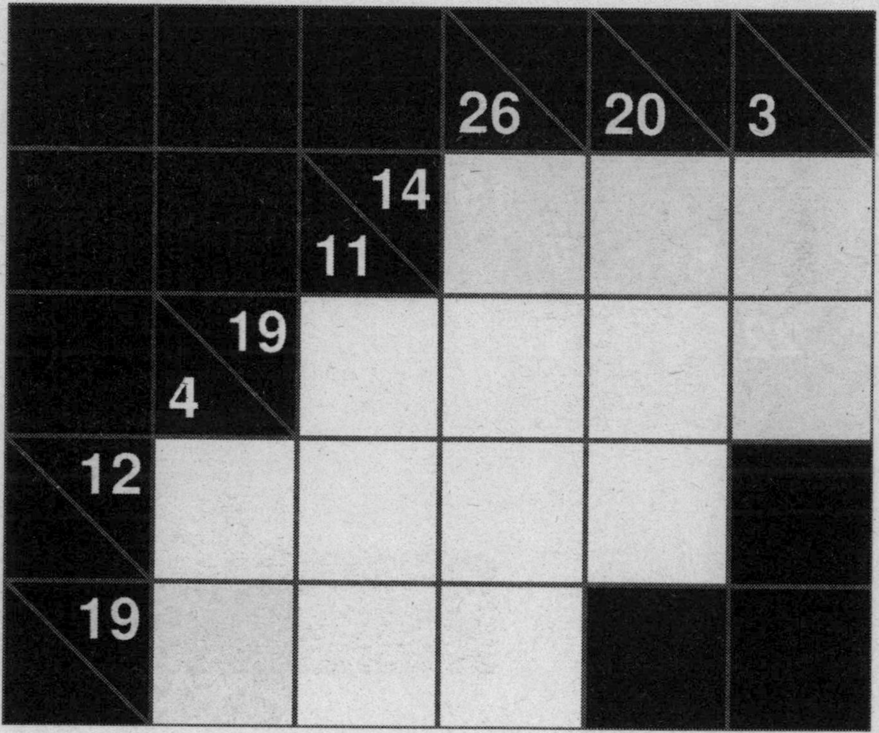

28

31

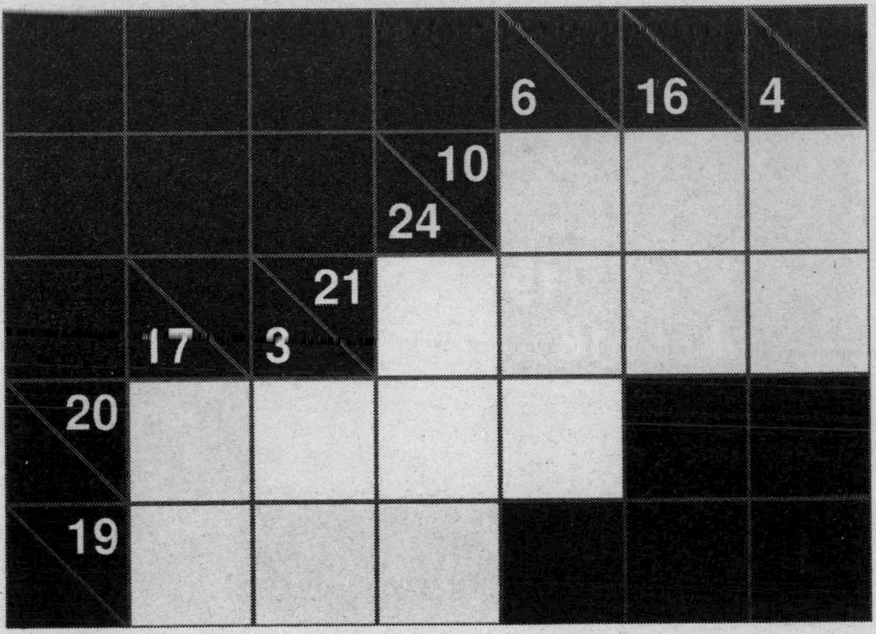
6
16
4
10
24
21
17
3
20
19

32

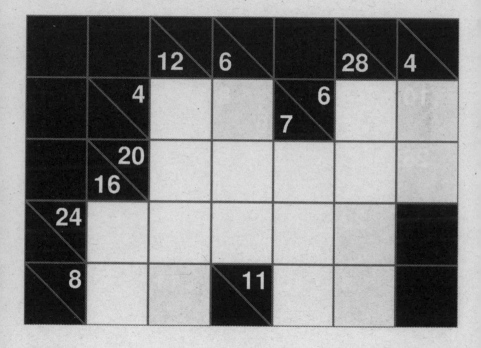

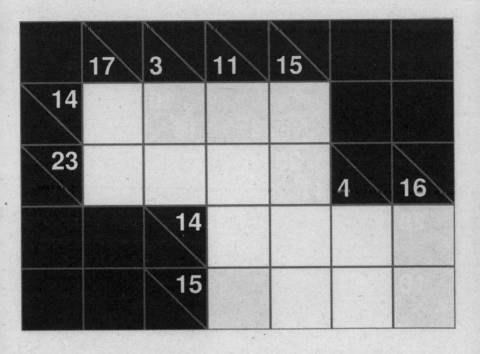

37

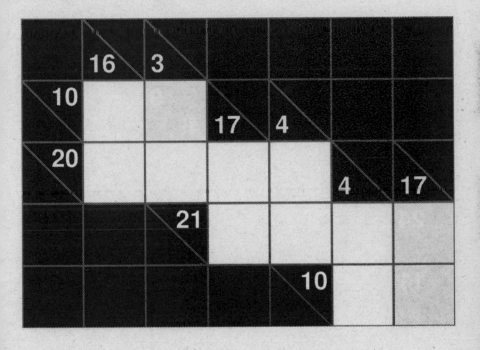

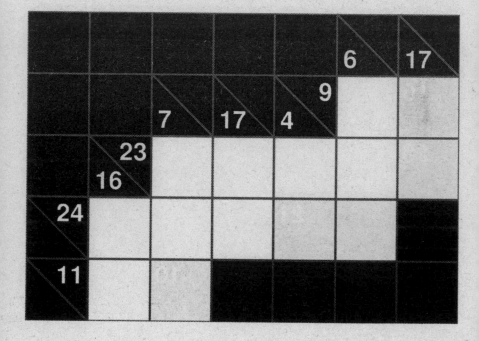

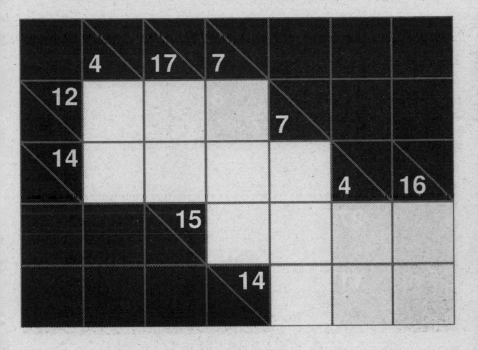

40

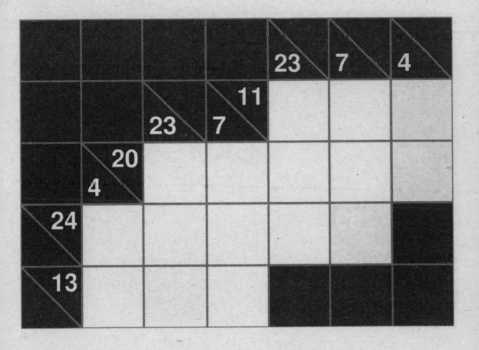

42

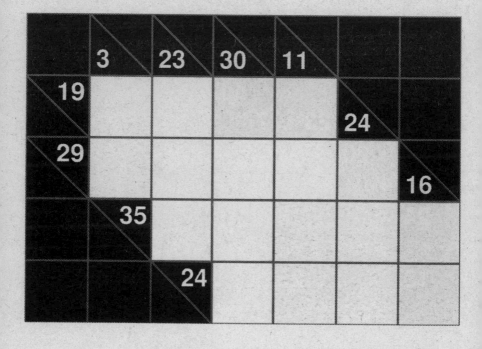

43

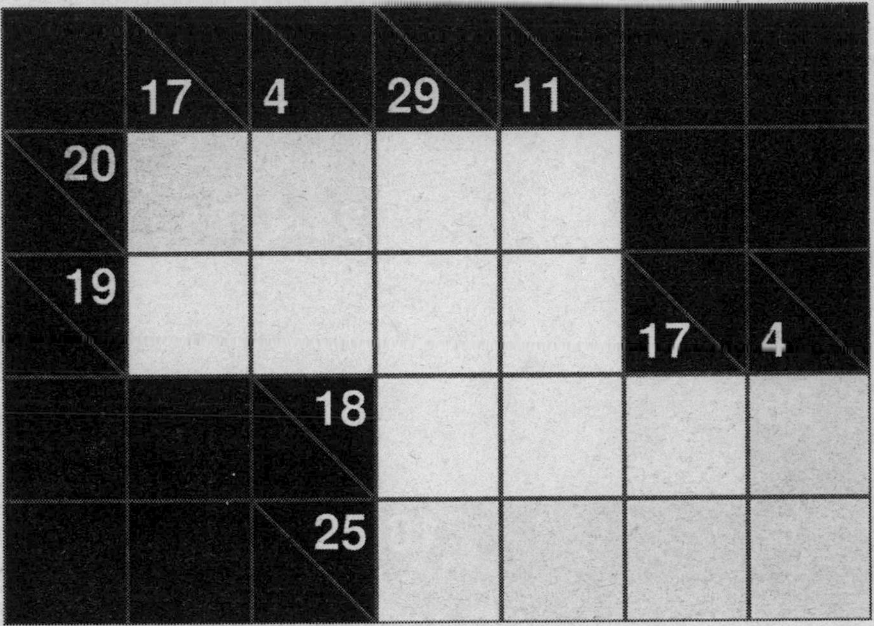

44

■	■	7\	23\	■	■	■
■	16\12			24\	7\	4\
\31						
\28						
■	■	■	\10			■

45

		24	20		26	4
	14			12 7		
	29 16					
23						
16			3			

46

			28	12	23	17
		27 / 7				
	31 / 16					
23 /						
22 /						

47

48

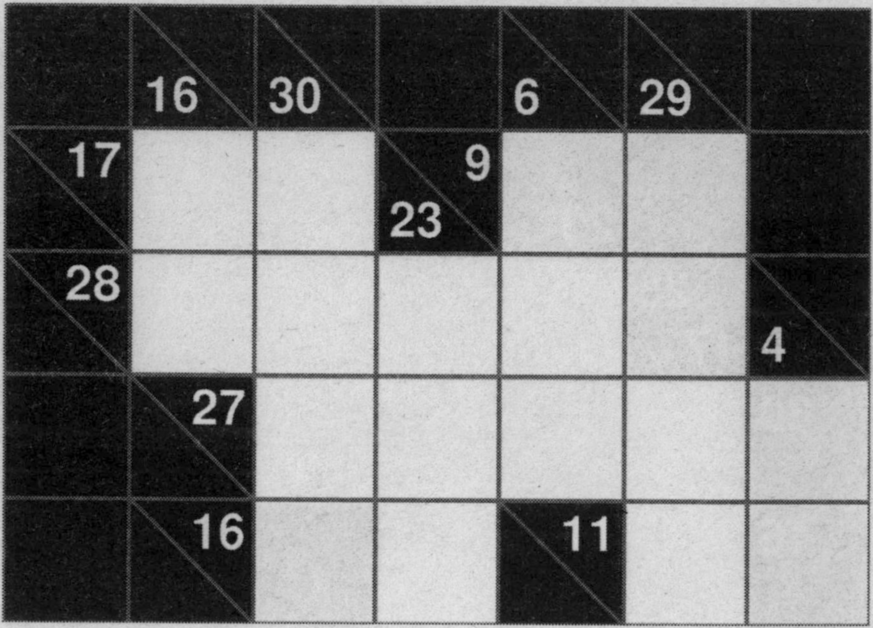

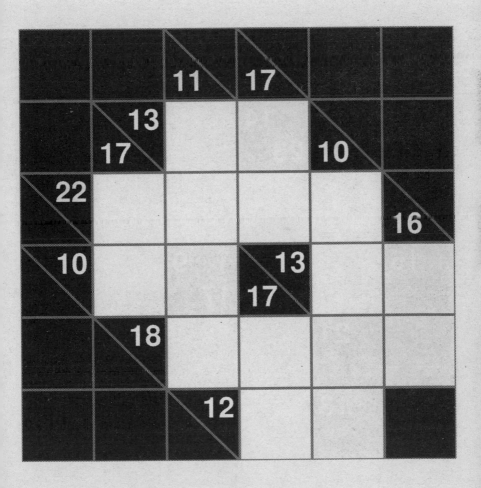

50

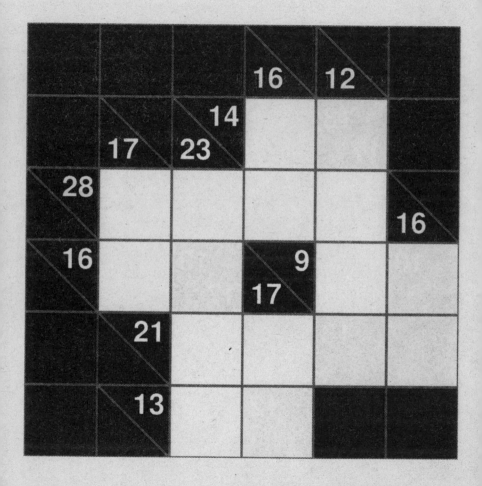

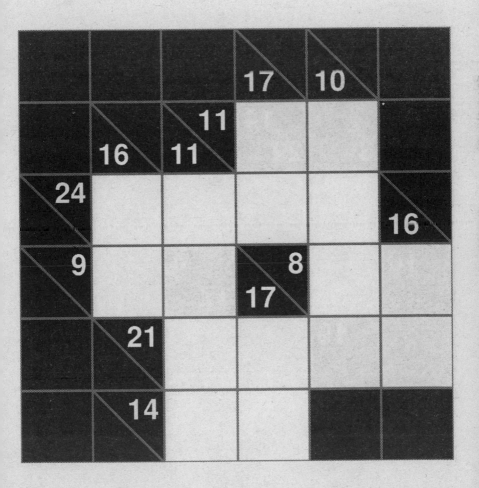

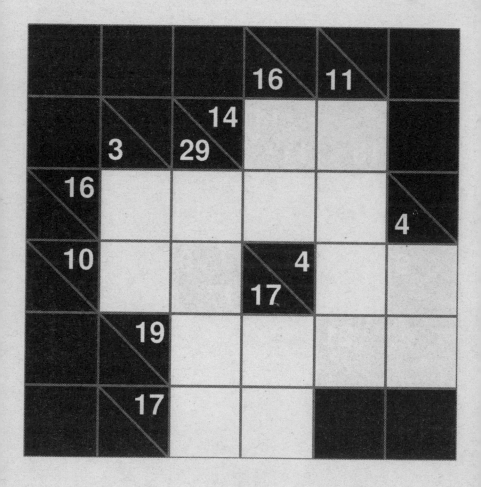

53

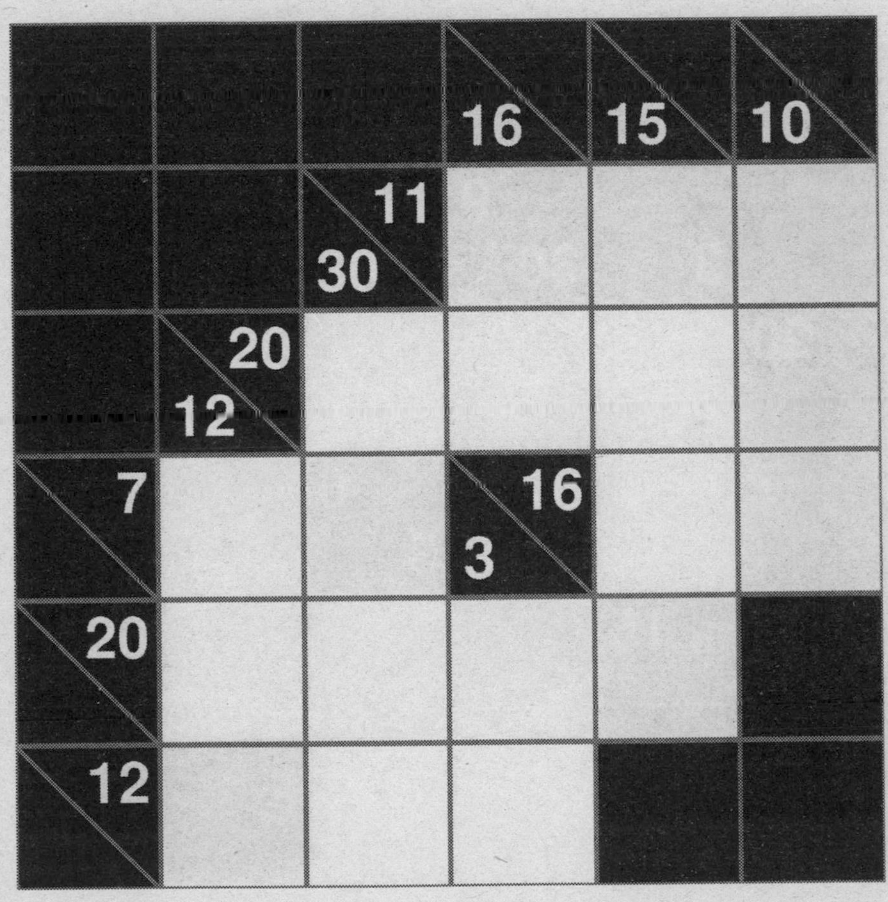

16
15
10
11
30
20
12
7
16
3
20
12

54

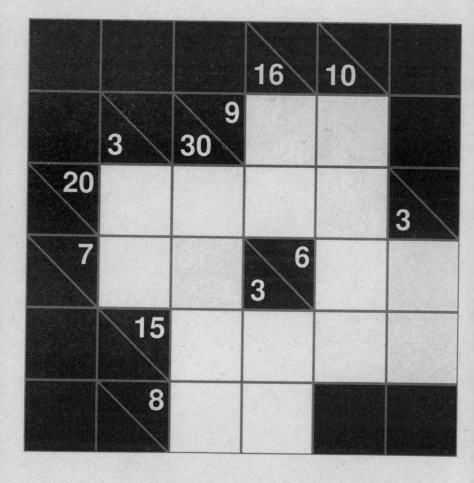

55

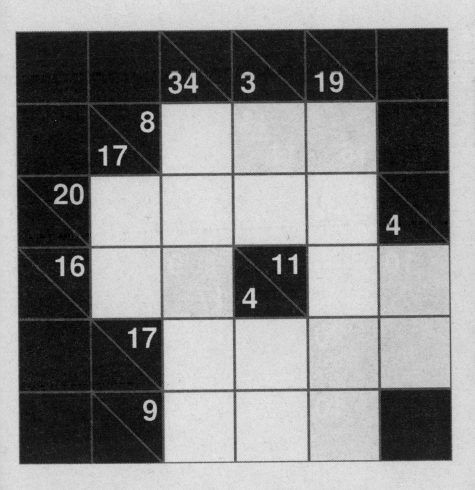

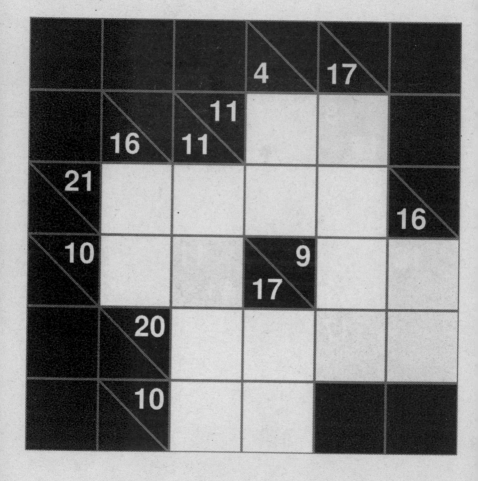

57

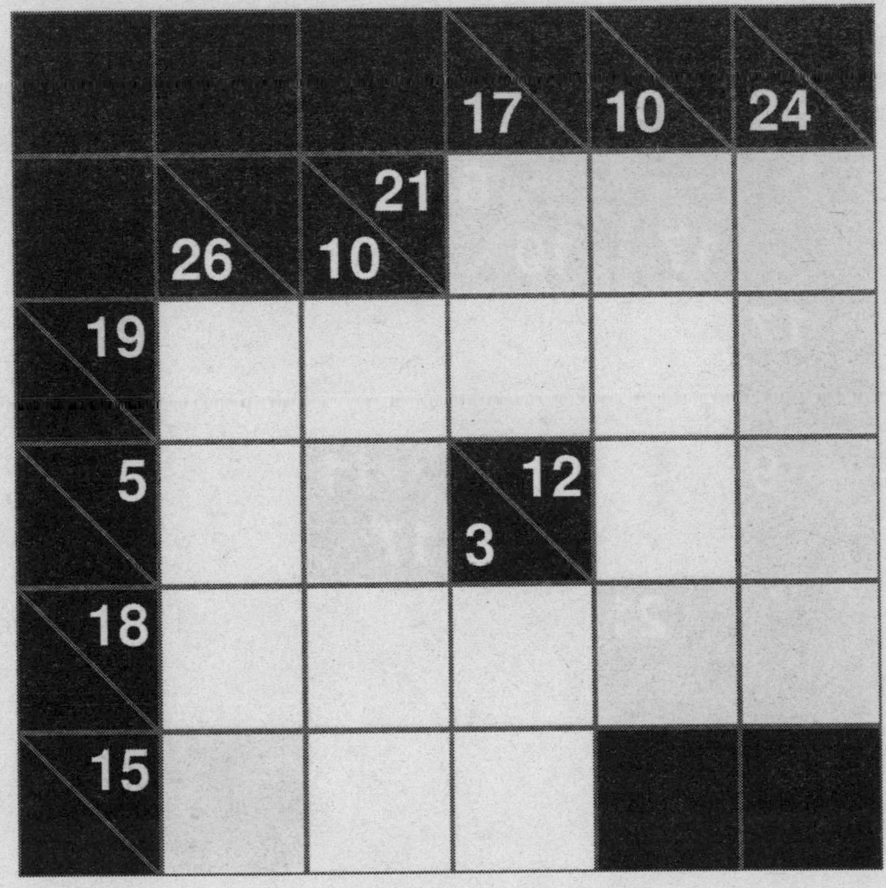
17
10
24
21
26
10
19
5
12
3
18
15

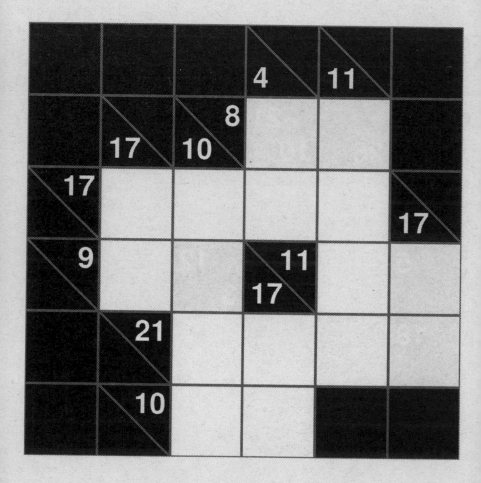

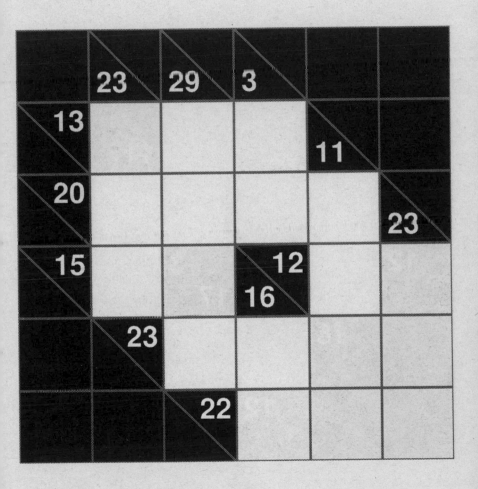

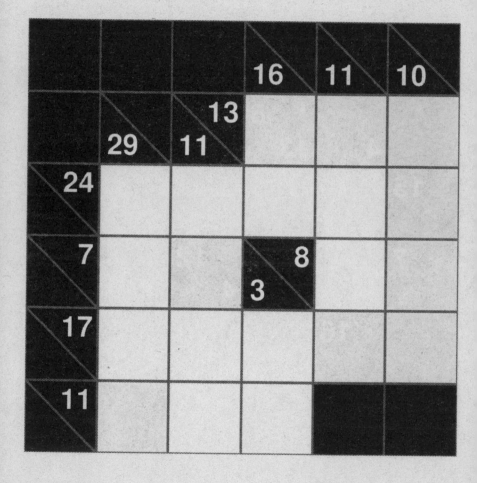

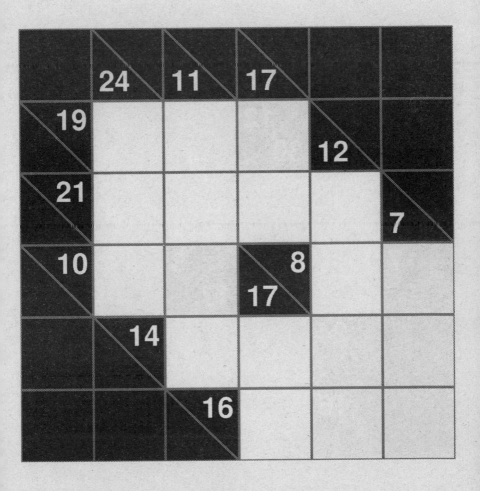

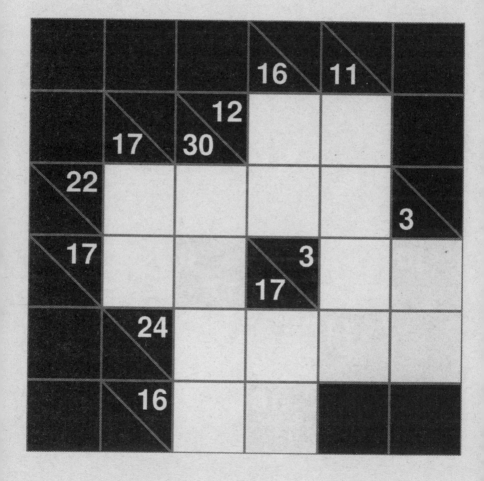

65

■	■	16↓	17↓	35↓	■
■	19→				16↓
■	26→ / 17↓				
9→			14→ / 16↓		
26→					■
■	23→				■

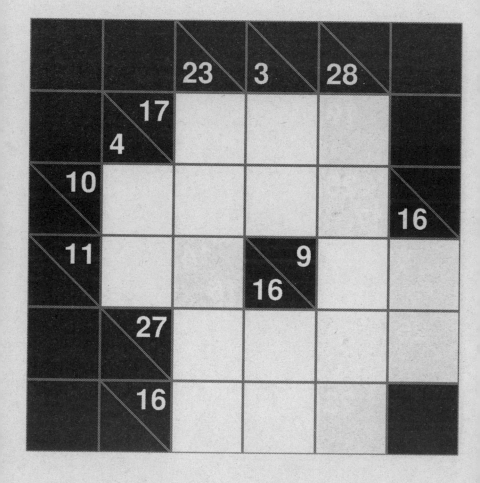

67

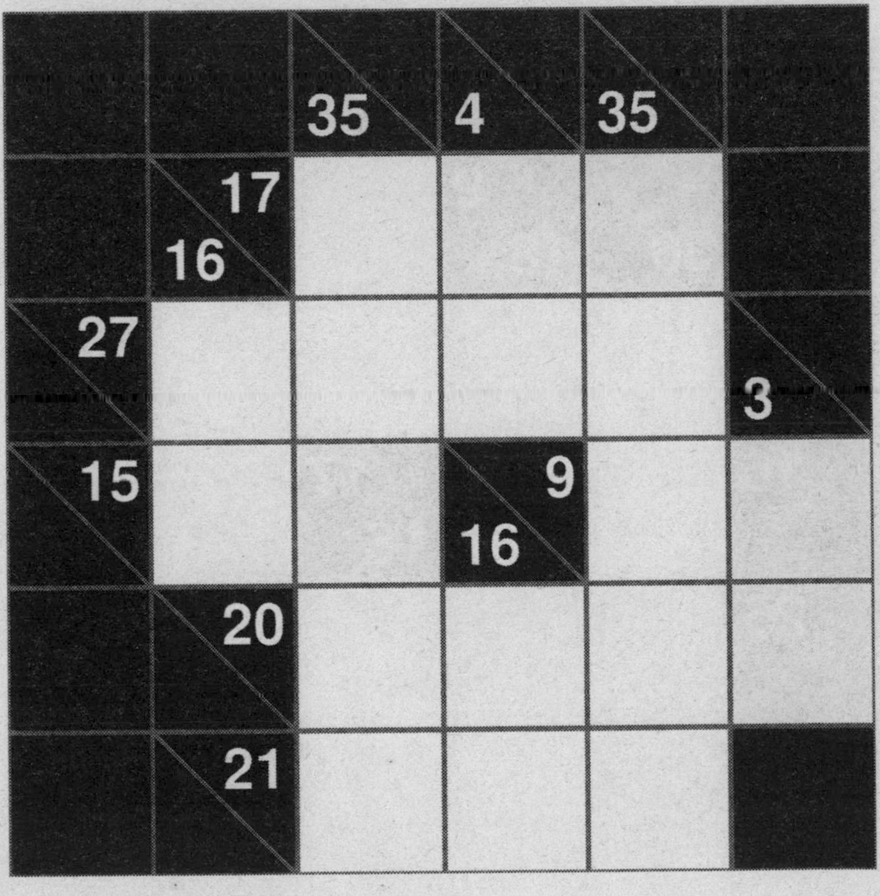

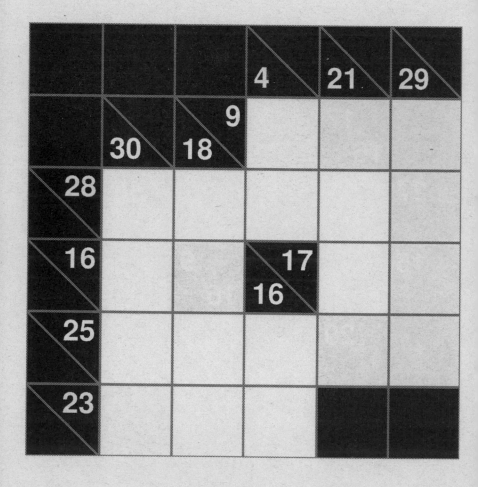

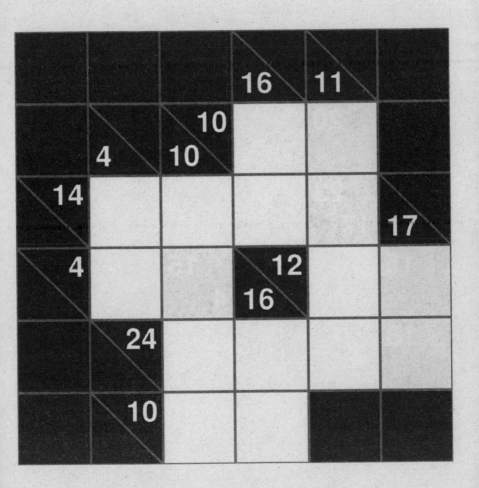

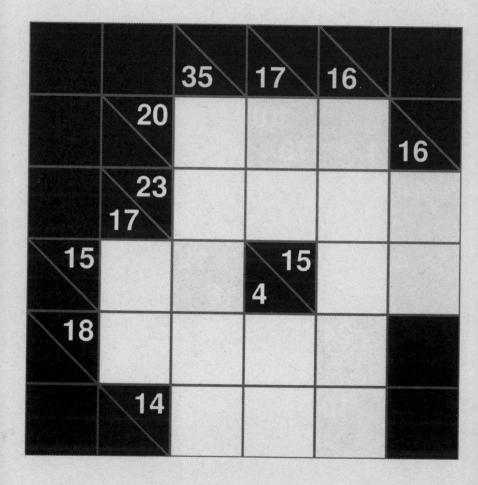

71

■	■	■	4\	11\	27\
■	14\	30\10			
\24					
\7			3\8		
\21					
\19				■	■

72

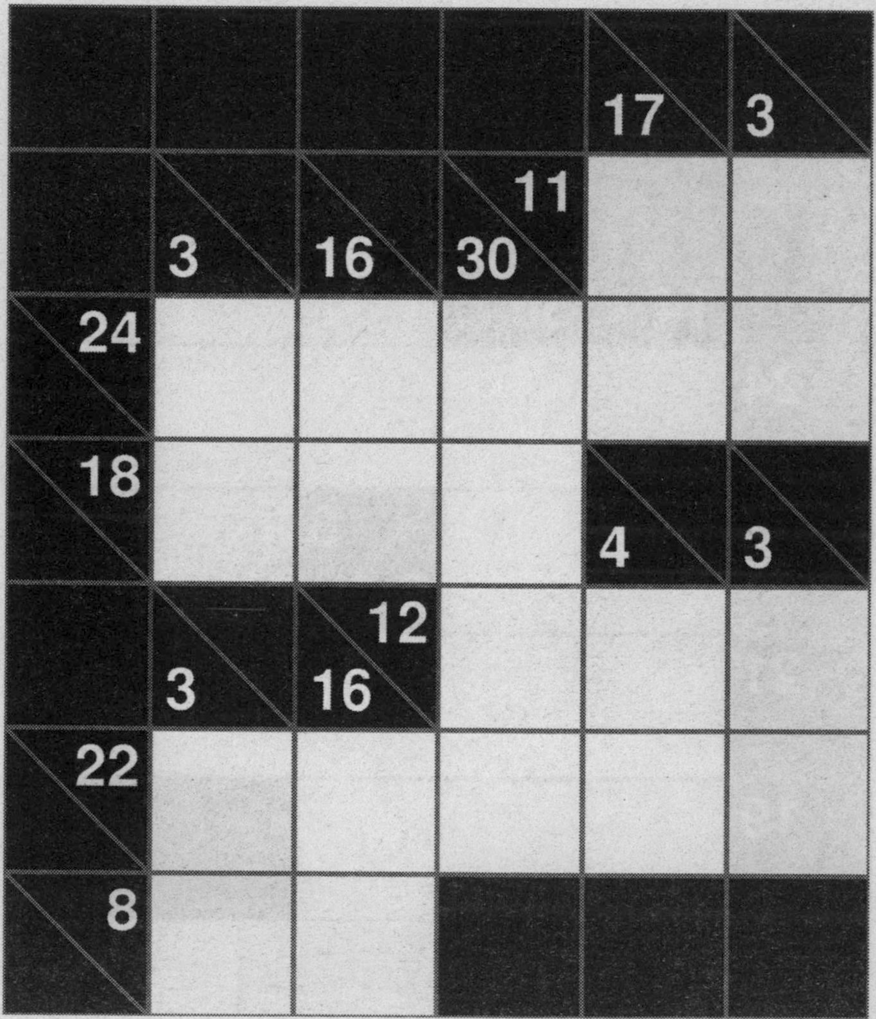

75

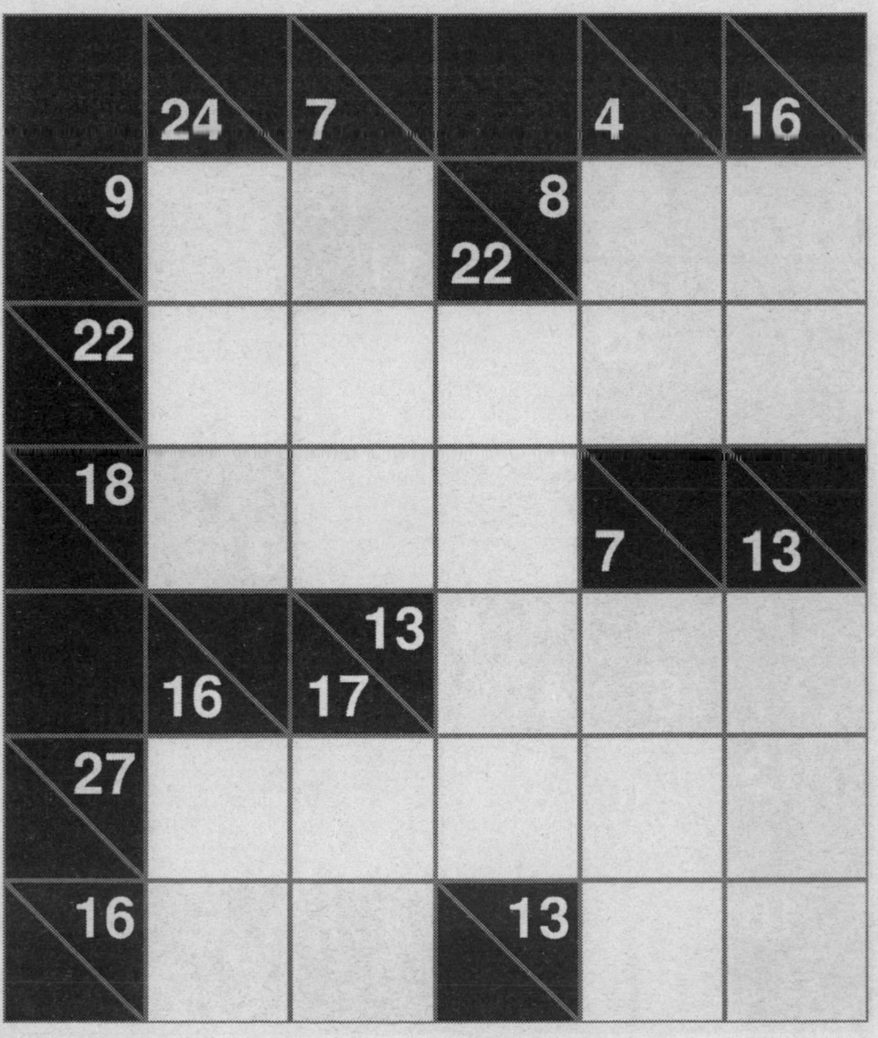

76

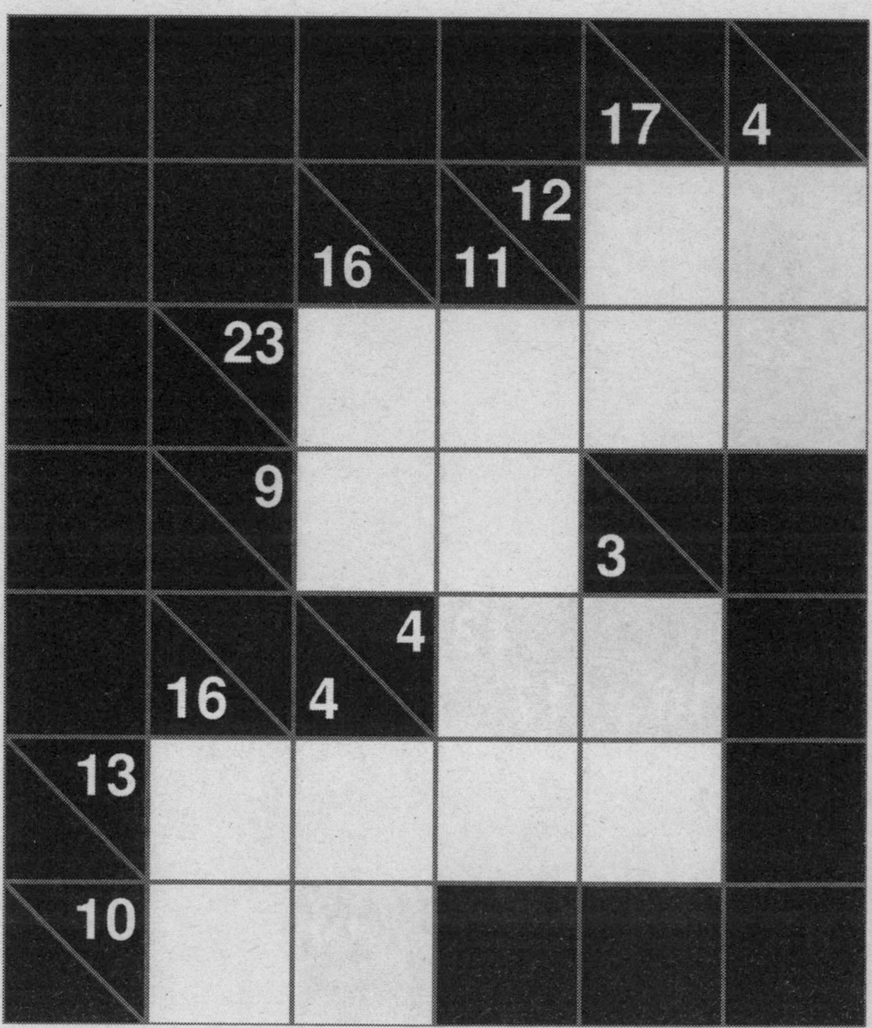
17
4
12
16
11
23
9
3
4
16
4
13
10

77

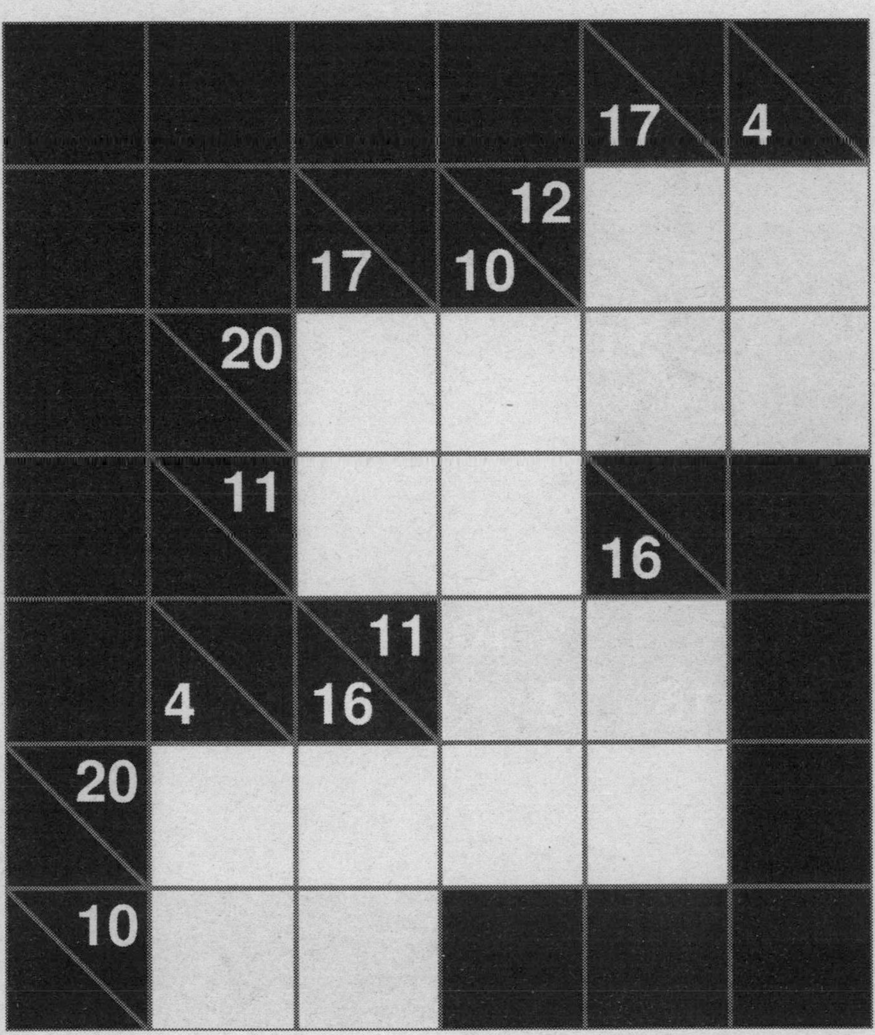
17
4
12
17
10
20
11
16
11
4
16
20
10

79

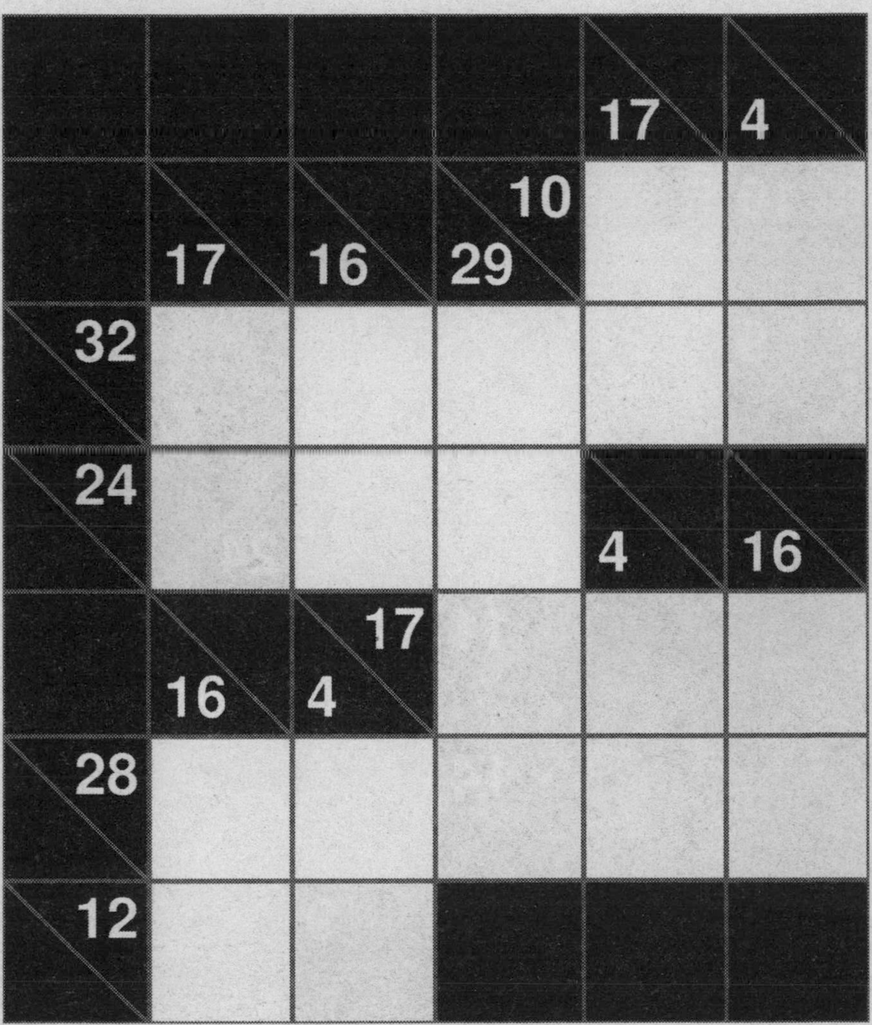
17
4
10
17
16
29
32
24
4
16
17
16
4
28
12

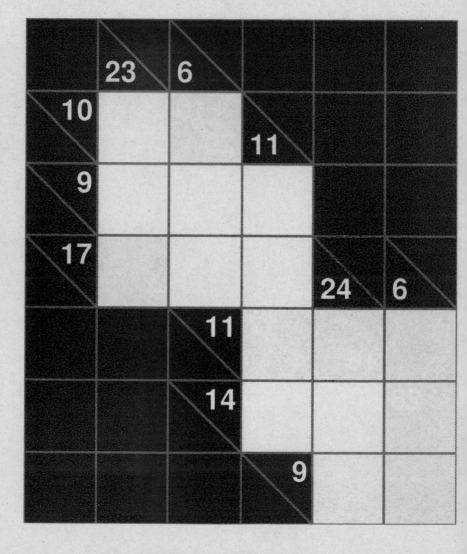

81

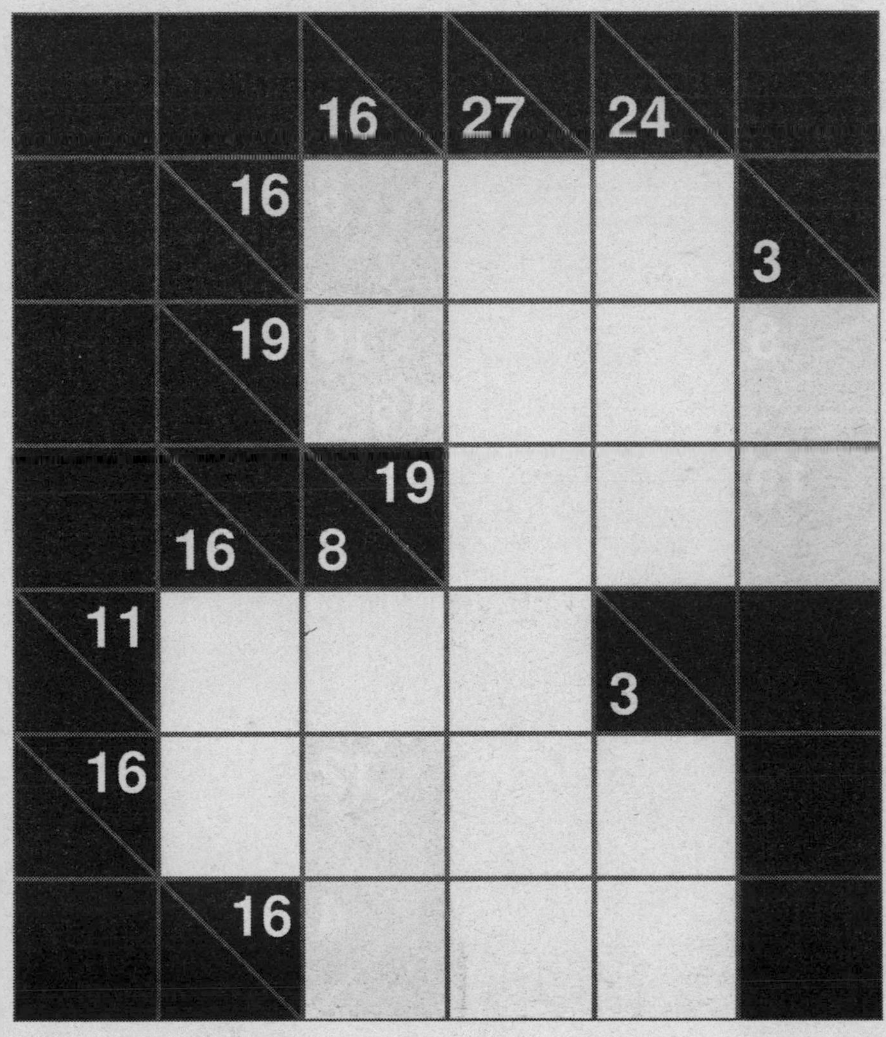

82

■	6\	39\	■	32\	4\
\5			\8		
\8			16\10		
\19					7\
■	16\25				
\13			\12		
\16			\4		

83

■	16\	4\	■	24\	17\
\12			11\15		
\27					
■	■	23\14			■
■	17\11			3\	16\
\27					
\15			\10		

84

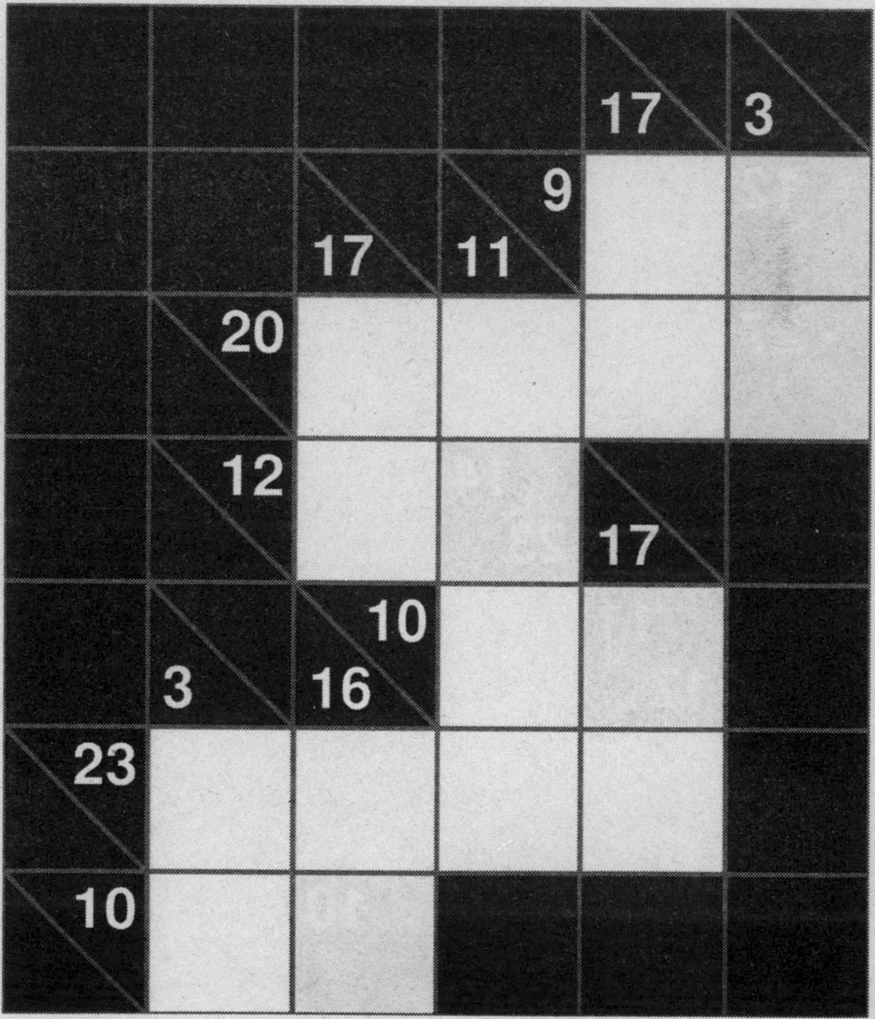
17
3
9
17
11
20
12
17
10
3
16
23
10

85

■	16\	17\	■	■	■
\15			■	17\	3\
\9			17\4		
■	16\22				
\20					16\
\10			\9		
■	■	■	\13		

86

■	6\	23\	■	17\	3\
\12			12\9		
\21					
\11				23\	7\
■	4\	16\9			
\27					
\10			\12		

87

88

■	16\	6\	28\	17\	■
\23					■
\19					■
■	\7			7\	■
■	■	17\7			3\
■	\15				
■	\23				

89

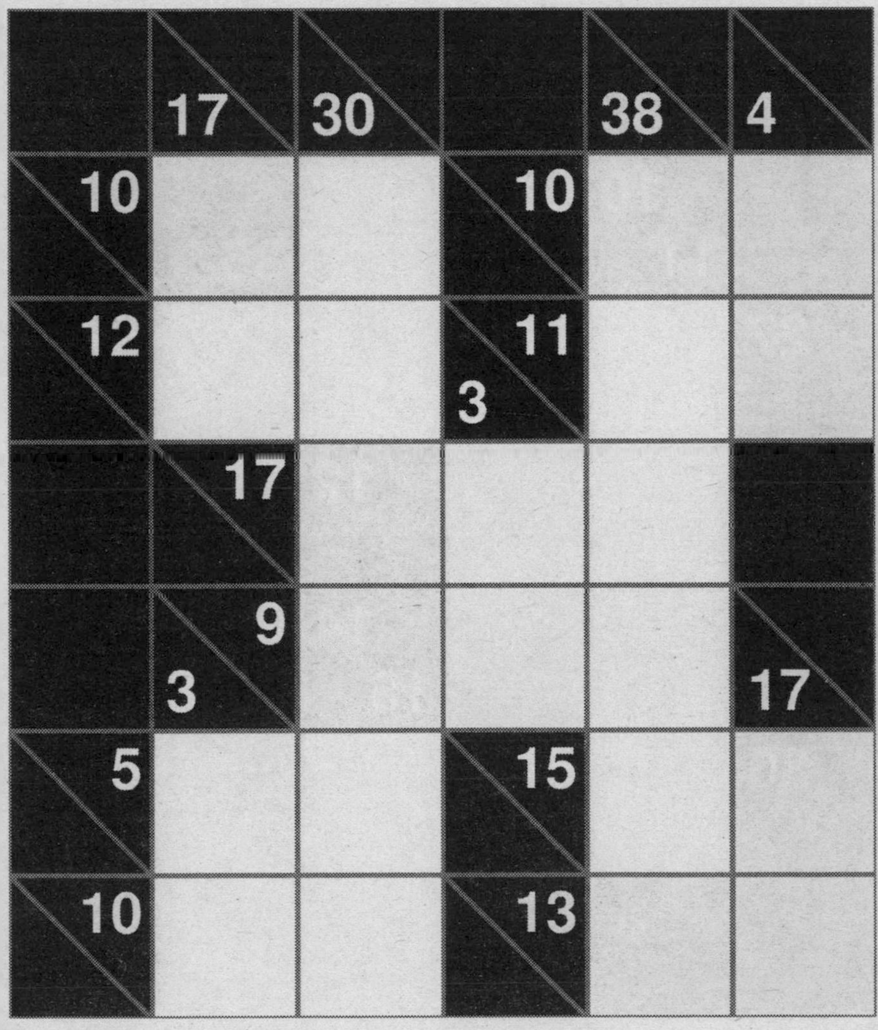
17
30
38
4
10
10
12
11
3
17
9
3
17
5
15
10
13

91

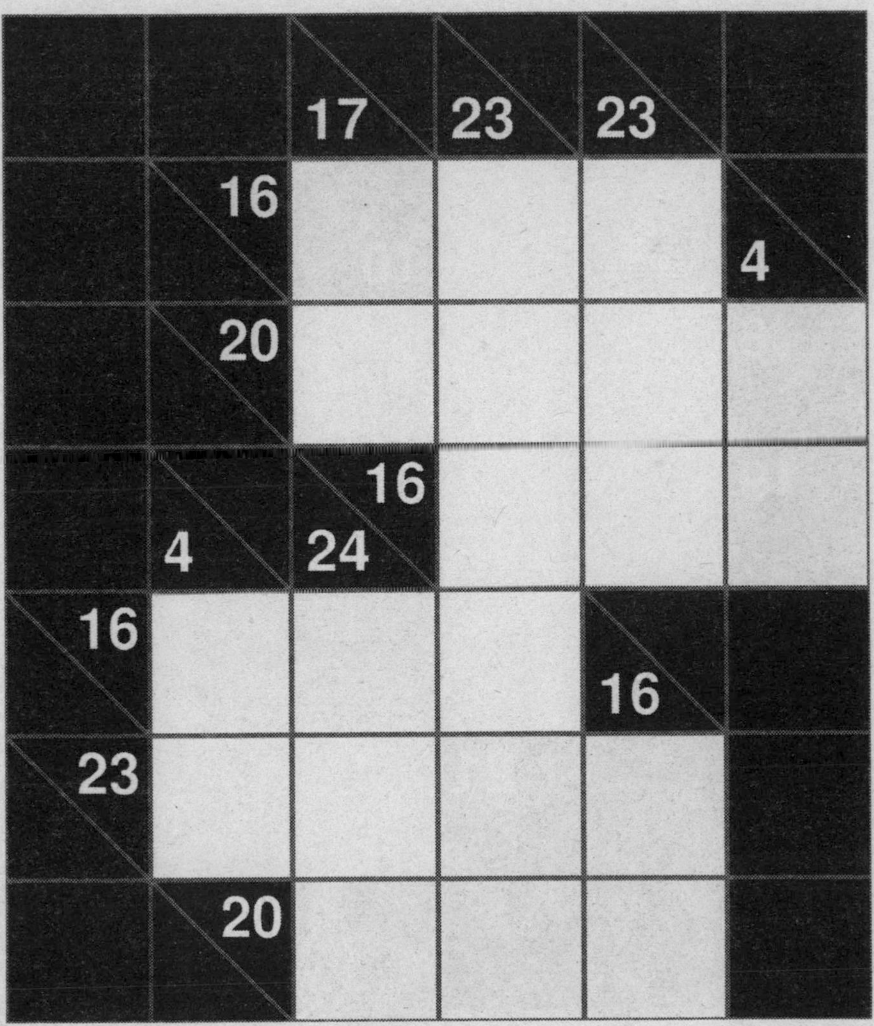
17
23
23
16
4
20
16
4
24
16
16
23
20

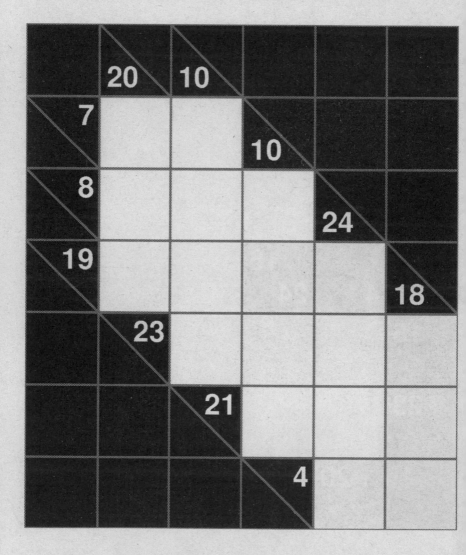

93

■	■	■	34 ↓	4 ↓	3 ↓
■	3 ↓	17 ↓ / 12 →			
21 →					
18 →				16 ↓	3 ↓
■	17 ↓	4 ↓ / 13 →			
22 →					
15 →				■	■

94

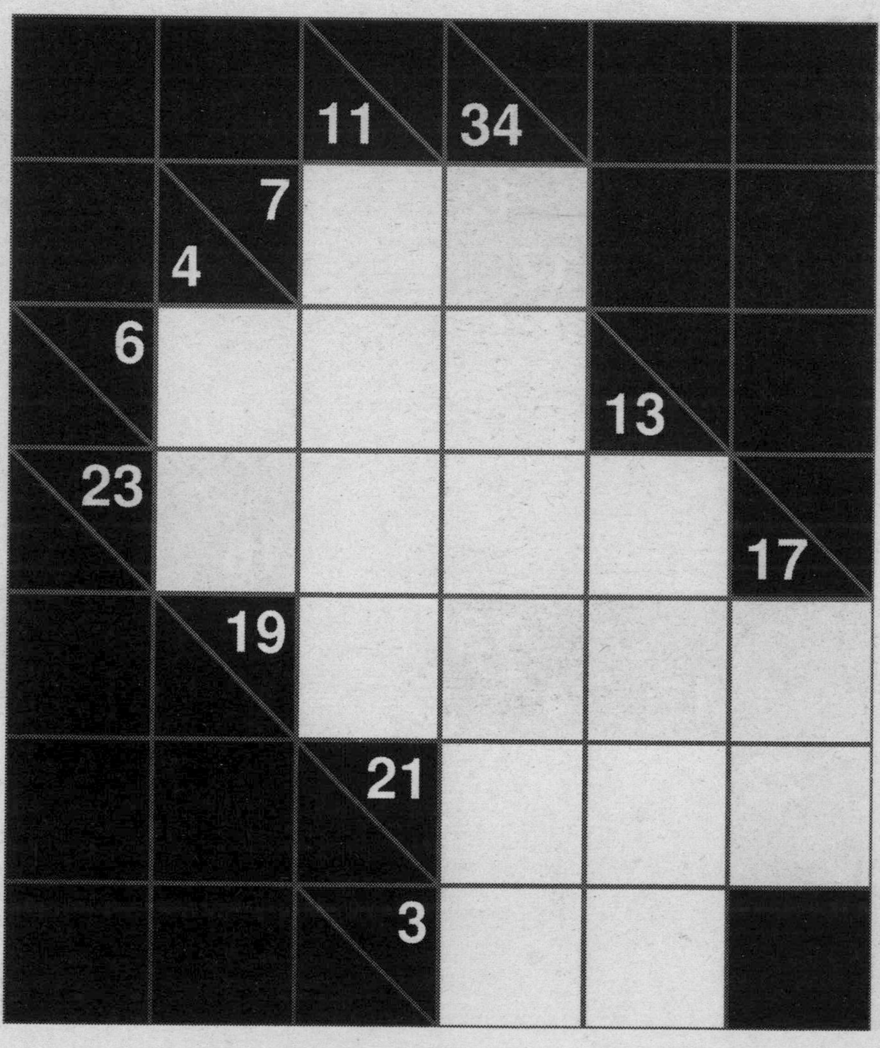
11
34
7
4
6
13
23
17
19
21
3

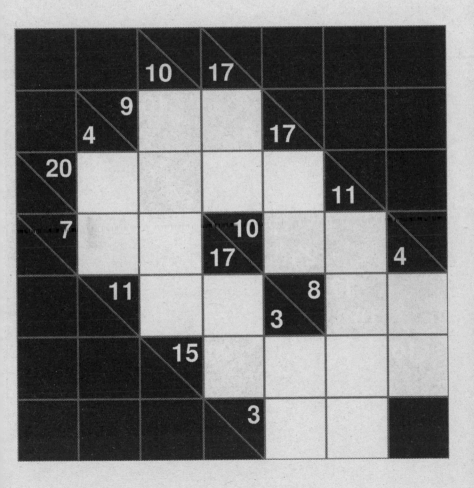

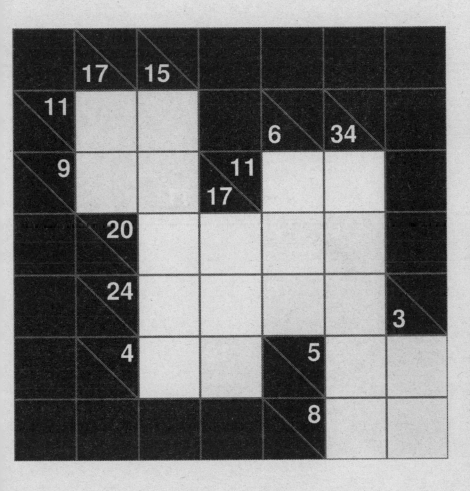

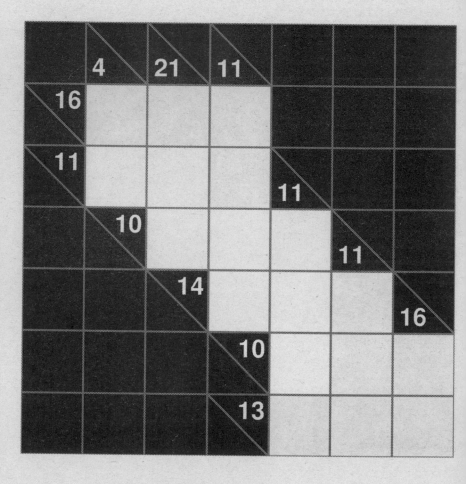

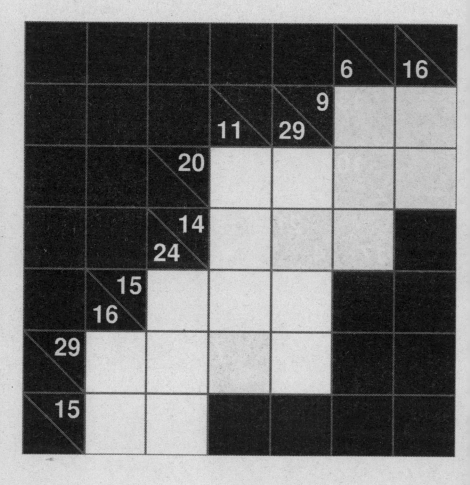

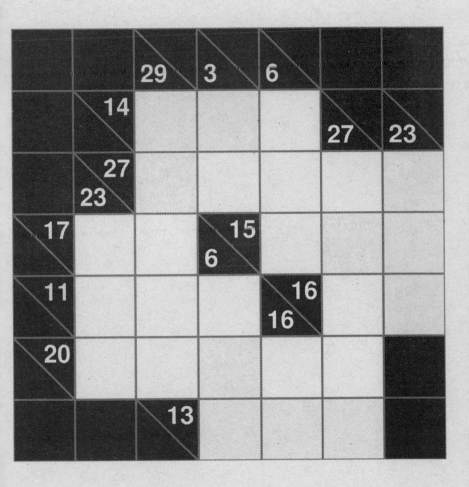

111

■	■	■	23\	3\	34\	■
■	■	15\18				17\
■	\29					
■	16\10			6\16		
\12			16\9			■
\24						■
■	\12				■	■

112

113

■	4↓	7↓	15↓	■	17↓	3↓
6→				34↓ 10→		
30→						
■	14→				20↓	■
■	16↓	4↓ 16→				3↓
25→						
8→			14→			

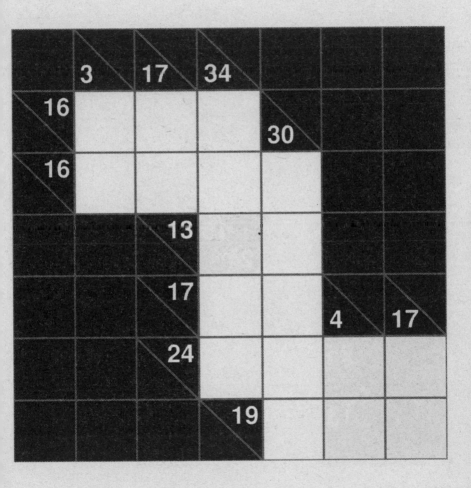

116

120

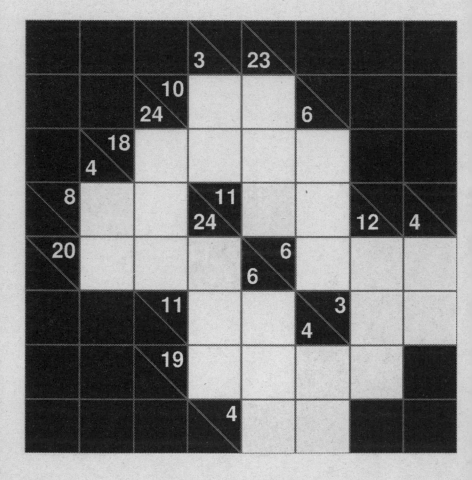

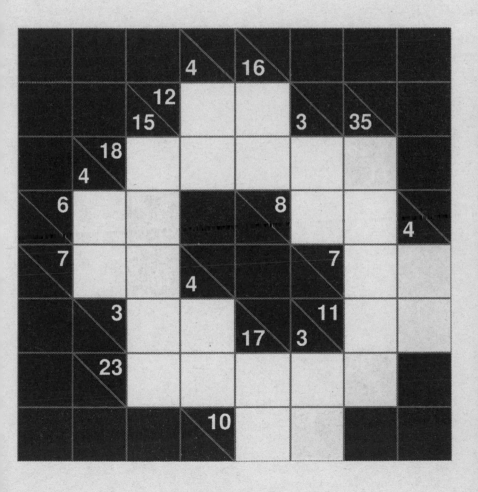

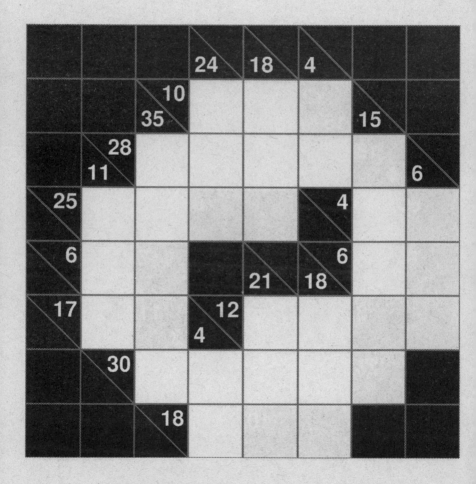

128

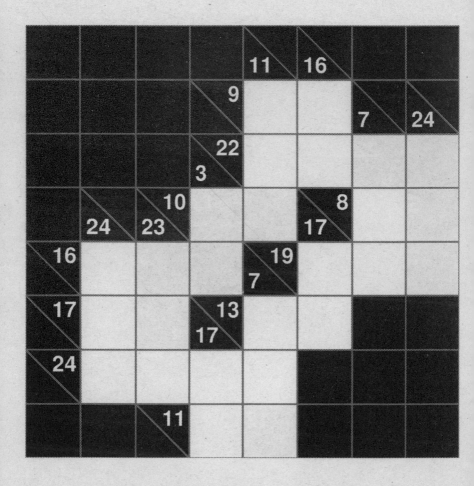

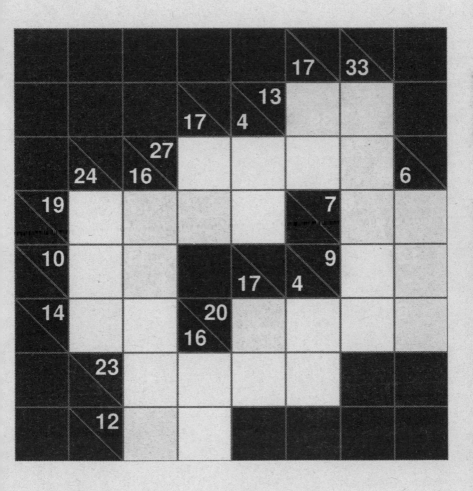

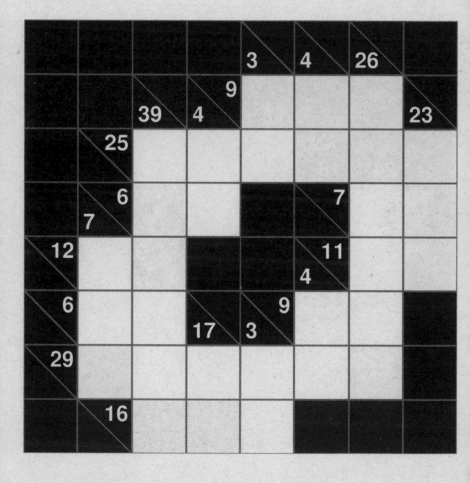

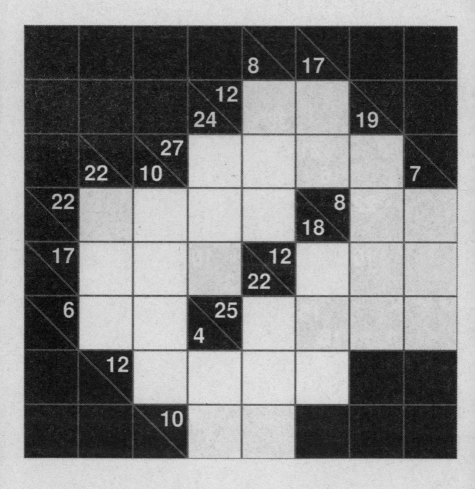

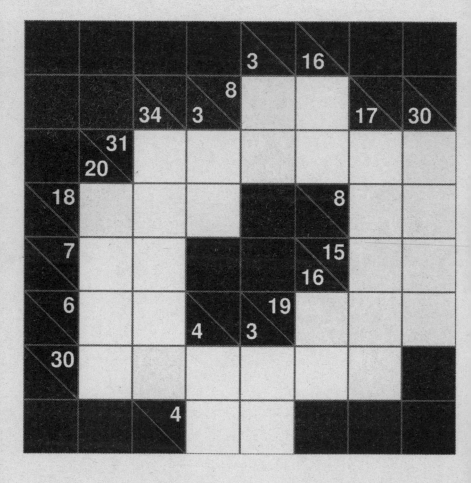

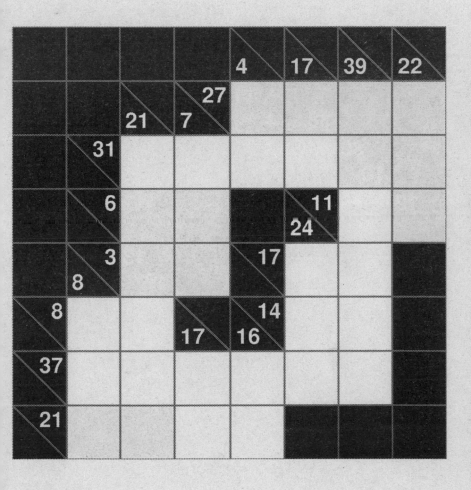

136

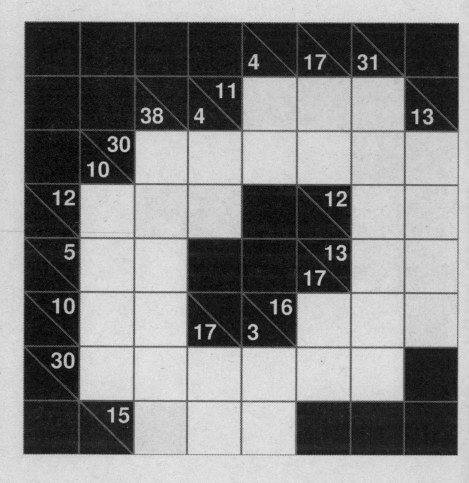

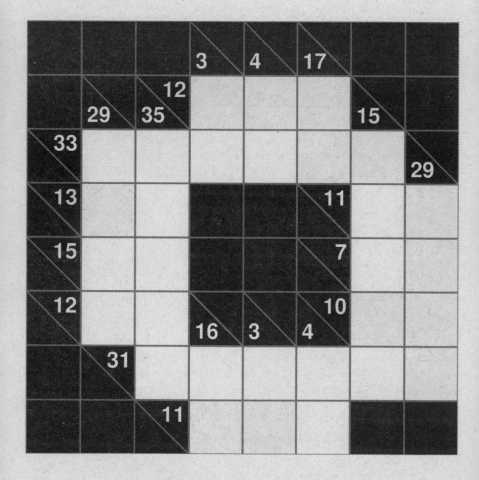

142

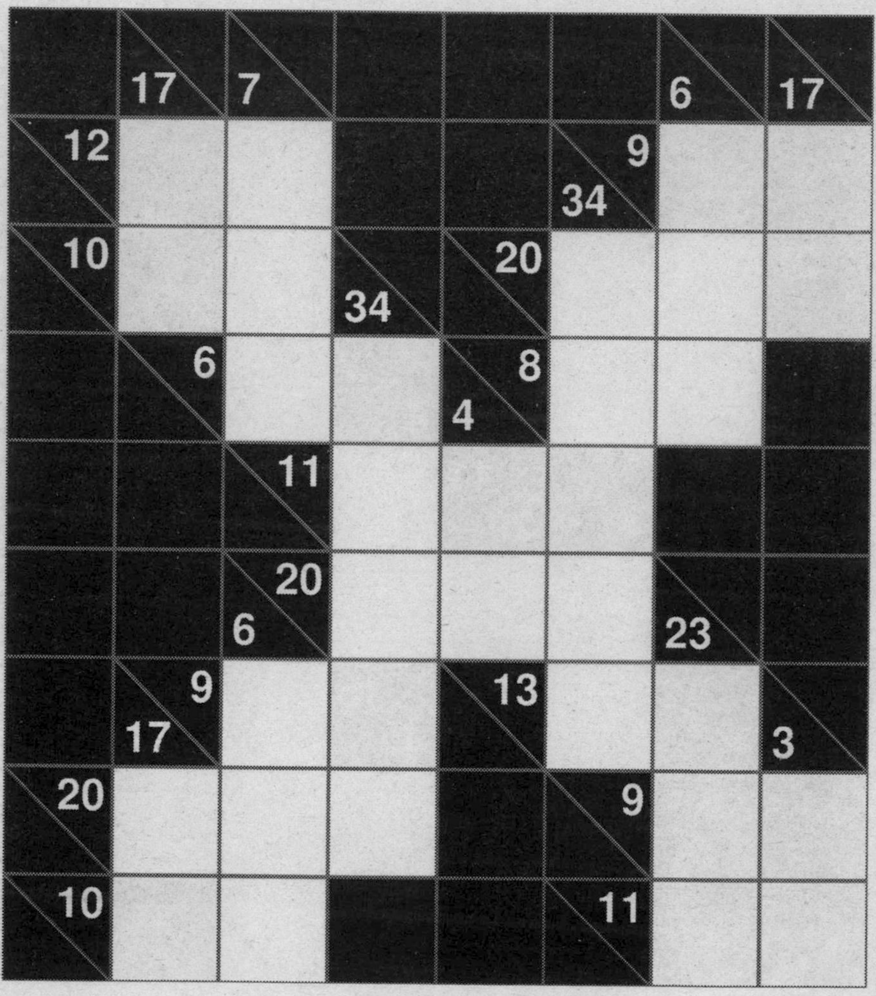
17 7 6 17
12 9 34
10 34 20
6 8 4
11
20 6 23
9 17 13 3
20 9
10 11

145

146

151

156

157

158

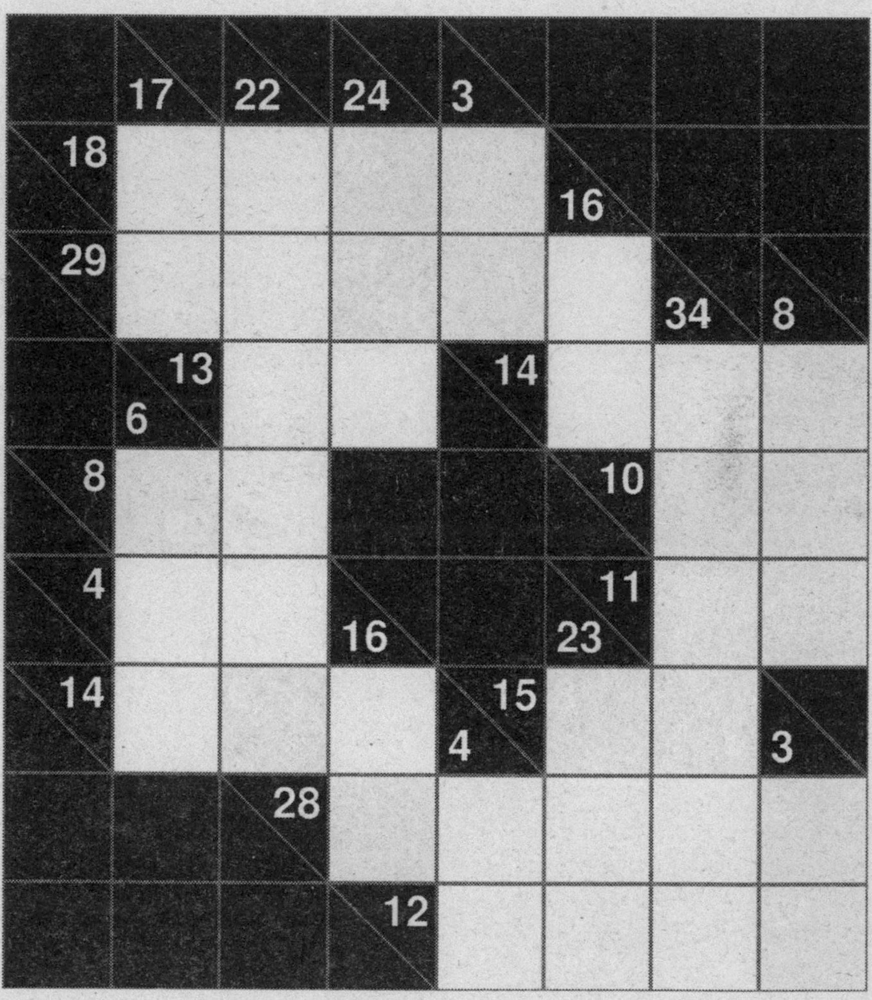
17 22 24 3
18 16
29 34 8
13 6 14
8 10
4 16 11 23
14 15 4 3
28
12

159

ANSWERS

1

	4	17		
12	3	9	4	
12	1	8	3	16	17
		17	1	7	9
			17	9	8

4

	16	4	25	
13	7	1	5	
20	9	3	8	17	4
		13	3	9	1
		20	9	8	3

2

	16	17	10	
18	7	9	2	
21	9	8	4	17	16
		18	1	8	9
		19	3	9	7

5

	4	16		
10	1	9	3	
11	3	7	1	17	4
		14	2	9	3
		9	8	1

3

	17	3	11	
16	9	2	5	
11	8	1	2	16	3
		13	3	9	1
		10	1	7	2

6

	3	17		
9	1	8	4	
14	2	9	3	16	3
		10	1	7	2
		10	9	1

7

				3	16
			10\4	1	9
	17\	4\10	1	2	7
13\	9	1	3		
11\	8	3			

10

			29	3	17
		15\	5	2	8
	3\	17\18	8	1	9
17\	1	9	7		
19\	2	8	9		

8

			11	17	16
		22\	5	8	9
	3\	16\18	2	9	7
11\	1	7	3		
12\	2	9	1		

11

			28	23	3
		13\7	4	8	1
	18\17	1	9	6	2
28\	8	4	7	9	
19\	9	2	8		

9

			11	4	16
		11\	1	3	7
	3\	16\12	2	1	9
15\	1	9	5		
12\	2	7	3		

12

	16	4	11		
13\	9	1	3		
12\	7	3	2	4	17
		12\	1	3	8
		15\	5	1	9

ANSWERS

13

	17	3	12		
13	9	1	3		
11	8	2	1	17	3
			16	6	8	2
			12	2	9	1

16

			29	3	16
		17	8	2	7
	3	4 \ 15	5	1	9
12	2	1	9		
11	1	3	7		

14

	4	24	30		
14	1	7	6	6	
19	3	8	7	1	4
22		9	8	2	3
13			9	3	1

17

			27	7	
		5	4	1	4
	16	10 \ 24	9	2	8	4	1
19	7	1	6	2	3
16		7	9		

15

	3	16	29		
17	1	9	7		
14	2	7	5	16	3
17			9	7	1
19			8	9	2

18

	23	7			
9	8	1	4	6	23
24	6	4	3	2	9
23	9	2	1	3	8
			7	1	6

19

				23	16
		6	16\16	9	7
	26\16	2	7	8	9
25	7	3	9	6	
10	9	1			

22

			28	24	3
		18\24	9	7	2
	21\4	7	5	8	1
24	1	8	6	9	
20	3	9	8		

20

			11	23	
	17	11\24	2	9	4
31	8	9	5	6	3
28	9	7	3	8	1
		9	8	1	

23

			30	8	23
	6	19\7	8	2	9
22	2	1	6	5	8
19	3	2	7	1	6
14	1	4	9		

21

		11	12	28	
	15\4	1	5	9	17
21	1	3	2	7	8
29	3	5	4	8	9
	7	2	1	4	

24

			26	20	3
		14\11	8	5	1
	19\4	1	7	9	2
12	1	3	2	6	
19	3	7	9		

ANSWERS

25

					16	3
			17	3	9 7	2
	4	17 20	8	2	9	1
21	3	8	9	1		
10	1	9				

28

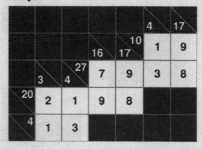

					4	17
			16	10 17	1	9
	3	4 27	7	9	3	8
20	2	1	9	8		
4	1	3				

26

				13	3	16
			11 24	3	1	7
	3	4 19	7	1	2	9
21	1	3	8	9		
12	2	1	9			

29

				7	17	16
			19 23	2	8	9
	16	4 23	6	1	9	7
22	9	1	8	4		
19	7	3	9			

27

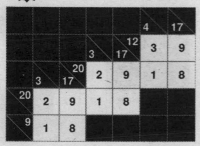

					4	17
			3	12 17	3	9
	3	17 20	2	9	1	8
20	2	9	1	8		
9	1	8				

30

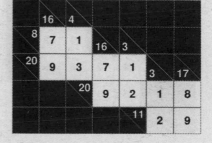

	16	4				
8	7	1	16	3		
20	9	3	7	1	3	17
		20	9	2	1	8
				11	2	9

31

				6	16	4
			10\24	2	7	1
	17	3\21	8	1	9	3
20\	9	1	7	3		
19\	8	2	9			

34

		12	6		28	4
	4\	3	1	7\6	5	1
	20\16	6	2	1	8	3
24\	9	2	3	4	6	
8\	7	1		11\	2	9

32

					3	17
			16	4\11	2	9
	4\	19\16	7	3	1	8
20\	3	7	9	1		
10\	1	9				

35

	17	3	11	15		
14\	8	2	3	1		
23\	9	1	5	8	4	16
			14\	2	4	1	7
			15\	1	2	3	9

33

	17	10		23	11	
10\	9	1	8\6	6	2	
28\	8	4	2	9	5	17
	23\	2	3	8	1	9
	4\	3	1		11\	3	8

36

					17	3
			3	10\16	9	1
	4\	20\17	1	9	8	2
20\	3	8	2	7		
10\	1	9				

37

	16	3				
10	9	1	17	4		
20	7	2	8	3	4	17
		21	9	1	3	8
				10	1	9

40

	4	30		6	29	
7	1	6	8 / 7	3	5	
25	3	8	4	1	9	17
	27	7	1	2	8	9
	11	9	2	15	7	8

38

					6	17
		7	17	9 / 4	1	8
	23 / 16	1	8	3	2	9
24	7	4	9	1	?	
11	9	2				

41

				23	7	4
		23	11 / 7	6	4	1
	20 / 4	6	2	8	1	3
24	1	8	4	9	2	
13	3	9	1			

39

	4	17	7			
12	1	9	2	7		
14	3	8	1	2	4	16
		15	4	1	3	7
			14	4	1	9

42

	3	23	30	11		
19	1	9	7	2	24	
29	2	8	9	3	7	16
	35	6	8	5	9	7
	24	6	1	8	9	

171

43

	17	4	29	11		
20	9	1	8	2		
19	8	3	7	1	17	4
		18	5	3	9	1
		25	9	5	8	3

46

		28	12	23	17
27/7		9	4	6	8
31/16		2	7	5	8	9
23		7	1	4	2	9
22		9	4	8	1	

44

		7	23			
12/16		4	8	24	7	4
31	7	2	9	8	4	1
28	9	1	6	7	2	3
			10	9	1	

47

			7	23	4
11			2	8	1
23/6	23/17	8	2	1	9	3
30	8	9	3	4	6
16	9	6	1		

45

		24	20		26	4
14	6	8	12/7	9	3
29/16	8	9	4	7	1
23	9	1	3	2	8
16	7	9	3	1	2

48

	16	30		6	29
17	9	8	9/23	2	7
28	7	9	6	1	5	4
27	6	8	3	9	1
16	7	9	11	8	3

ANSWERS

49

		11	17		
	13\17	5	8	10	
22	8	3	9	2	16
10	9	1	13\17	4	9
	18	2	8	1	7
		12	9	3	

50

			16	12	
	17	14\23	9	5	
28	8	9	7	4	16
16	9	7	9\17	2	7
	21	3	8	1	9
	13	4	9		

51

			17	10	
	16	11\11	9	2	
24	9	3	8	4	16
9	7	2	8\17	1	7
	21	1	8	3	9
	14	5	9		

52

			16	11	
	3	14\29	9	5	
16	1	5	7	3	4
10	2	8	4\17	1	3
	19	7	9	2	1
	17	9	8		

53

			16	15	10
		11\30	7	3	1
	20\12	8	9	1	2
7	1	6	16\3	9	7
20	8	9	1	2	
12	3	7	2		

54

			16	10	
	3	9\30	7	2	
20	2	8	9	1	3
7	1	6	6\3	4	2
	15	9	2	3	1
	8	7	1		

55

		34\	3\	19\	
	\8 17\	4	1	3	
20\	8	9	2	1	\4
16\	9	7	\11 4\	8	3
	\17	8	3	5	1
	\9	6	1	2	

58

				4\	11\	
		\8 17\ 10\	3	5	
17\	9	4	1	3	\17
9\	8	1	\11 17\	2	9
	\21	3	9	1	8
	\10	2	8		

56

			4\	17\	
	\16	\11 11\	3	8	
21\	9	5	1	6	\16
10\	7	3	\9 17\	2	7
	\20	2	8	1	9
	\10	1	9		

59

	23\	29\	3\		
13\	6	5	2	\11	
20\	9	8	1	2	\23
15\	8	7	\12 16\	3	9
	\23	9	7	1	6
		\22	9	5	8

57

			17\	10\	24\	
	\26	\21 10\	9	4	8	
19\	5	2	8	1	3	
5\	4	1	\12 3\	3	9	
18\	8	3	1	2	4	
15\	9	4	2			

60

			10\	17\		
		\9 16\	1	8	\11	
23\	7	2	9	5	\4
12\	9	3	\3 17\	2	1
	\16	4	8	1	3
	\12	9	3		

174

ANSWERS

61

			\16	\10	
	\4	\13	8\ 7	1	
15\ 1	3	9	2		\17
7\ 3	4	12\4	3	9	
	16\ 1	3	4	8	
	6\ 5	1			

64

			\16	\11	
	\17	12\30	9	3	
22\ 8	6	7	1		\3
17\ 9	8	3\17	2	1	
	24\ 9	8	5	2	
	16\ 7	9			

62

			\16	\11	\10
	\29	13\11	9	3	1
24\ 9	5	7	1	2	
7\ 5	2	8\3	5	3	
17\ 7	3	1	2	4	
11\ 8	1	2			

65

		\16	\17	\35	
	19\ 3	9	7		\16
	26\17	2	8	9	7
9\ 8	1	14\16	5	9	
26\ 9	4	7	6		
23\ 6	9	8			

63

	\24	\11	\17		
19\ 8	2	9		\12	
21\ 7	5	8	1		\7
10\ 9	1	8\17	6	2	
	14\ 3	8	2	1	
	16\ 9	3	4		

66

	\23	\3	\28		
	17\4	7	1	9	
10\ 1	4	2	3		\16
11\ 3	8	9\16	2	7	
	27\ 3	7	8	9	
	16\ 1	9	6		

175

ANSWERS

67

		35	4	35	
	17\16	9	1	7	
27	7	8	3	9	\3
15	9	6	9\16	8	1
	20\	5	7	6	2
	21\	7	9	5	

70

		35	17	16	
	20\	8	9	3	\16
	23\17	6	8	2	7
15	8	7	15\4	6	9
18	9	5	3	1	
	14\	9	1	4	

68

			4	21	29
	30\	18\9	1	3	5
28	9	1	3	8	7
16	7	9	17\16	9	8
25	6	2	7	1	9
23	8	6	9		

71

			4	11	27
	14\	30\10	3	1	6
24	2	7	1	5	9
7	1	6	8\3	3	5
21	3	8	1	2	7
19	8	9	2		

69

			16	11	
	4\	10\10	9	1	
14	1	4	7	2	\17
4	3	1	12\16	3	9
	24\	2	9	5	8
	10\	3	7		

72

				17	3
	3\	16\	30\11	9	2
24	2	7	6	8	1
18	1	9	8	4\	3
	3\	16\12	9	1	2
22	2	9	7	3	1
8	1	7			

ANSWERS

73

			3	4
	17	11	3 2	1
17	8	5	1	3
12	9	3	17	
	11 4	2	9	
16				
19 7	3	1	8	
10 9	1			

76

			17	4
	16	11	12 9	3
23 9	5	8	1
9 7	2	3	
16	4	4 3	1	
13 7	3	1	2
10 9	1		

74

	16	17		
17 9	8	11	17	
25 7	9	1	8	
	14 4	5	9	
5 3	2	3	16	
15 1	3	2	9	
		8	1	7

77

			17	4
	17	10	12 9	3
20 9	2	8	1
11 8	0	16	
4	11 16 4	7	
20 3	7	1	9
10 1	9		

75

	24	7		4	16
9 8	1	8 22	1	7
22 7	2	1	3	9
18 9	4	5	7	13
16	13 17 9	1	3
27 9	8	7	2	1
16 7	9	13	4	9

78

			4	17
	4	9 28	1	8
21 1	8	3	9
7 3	4	4	
16	10 3 9	1	
21 9	2	7	3
8 7	1		

ANSWERS

79

				17\	4\
			10\29	9	1
	\17	\16			
32\	9	7	5	8	3
24\	8	9	7	4\	16\
	\16	\4	17\	9	1	7
28\	7	1	8	3	9
12\	9	3			

82

		6\	39\		32\	4\
5\	1	4	\8	5	3
8\	3	5	10\16	9	1
19\	2	8	7	1	\7
	25\16	8	9	6	2
13\	7	6	12\	8	4
16\	9	7	\4	3	1

80

	23\	6\			
10\	8	2	11\		
9\	6	1	2		
17\	9	3	5	24\	6\
		11\	1	7	3
		14\	3	9	2
			9\	8	1

83

	16\	4\		24\	17\
12\	9	3	15\11	7	8
27\	7	1	2	8	9
	14\23	5	9		
11\17	8	3	\3	16\
27\	8	9	1	2	7
15\	9	6	10\	1	9

81

		16\	27\	24\	
	\16	7	1	8	3\
	\19	9	2	7	1
	\16	19\8	8	9	2
11\	7	1	3	\3	
16\	9	2	4	1	
	\16	5	9	2	

84

				17\	3\
		17\	9\11	8	1
	\20	8	1	9	2
	12\	9	3	17\	
	\3	10\16	2	8	
23\	2	7	5	9	
10\	1	9			

178

ANSWERS

85

	16	17			
15	9	6			
9	7	2	17 \ 4	3	1
	22\16	5	8	7	2
20	7	3	9	1	16
10	9	1		9: 2	7
			13	4	9

86

	6	23		17	3
12	3	9	12\9	8	1
21	1	6	3	9	2
11	2	8	1	23	
	4\16	9:	2	6	1
27	3	7	6	9	2
10	1	9	12	8	4

87

				16	3
		4	11\8	7	1
	15	1	3	9	2
	8	3	5	17	
	16\3	11	2	9	
18	7	2	1	8	
10	9	1			

88

	16	6	28	17	
23	9	1	5	8	
19	7	2	1	9	
	7	3	4	7	
	17\7	6	1	3	
	15	9	3	2	1
	23	8	9	4	2

89

	17	30		38	4
10	9	1	10	9	1
12	8	4	3\11	8	3
	17	8	2	1	
	3\9	5	1	3	17
5	2	3	15	6	9
10	1	9	13	5	8

90

		35	4		
	11\10	7	3	35	30
27	2	8	1	7	9
14	5	9	12	5	7
7	1	6	16\14	6	8
30	3	5	7	9	6
		17	9	8	

179

91

		17	23	23	
	16	9	1	6	4
	20	8	2	9	1
	4 \ 24	16 \	5	8	3
16	1	7	8	16	
23	3	9	4	7	
	20	8	3	9	

94

		11	34		
	7 \ 4	1	6		
6	1	2	3	13	
23	3	5	9	6	17
	19	3	7	1	8
	21	8	4	9	
	3	1	2		

92

	20	10			
7	6	1	10		
8	5	2	1	24	
19	9	3	2	5	18
	23	4	3	7	9
		21	4	9	8
			4	3	1

95

				16	29	
			15 \ 3	7	8	
		18	2	9	7	4
	16 \ 20			8 \ 4		
12	9	2	1	5	3
8	7	1	13 \ 4	3	9	1
	13	9	3	1	
	9	8	1		

93

			34	4	3
		12 \ 17	9	1	2
21	2	8	7	3	1
18	1	9	8	16	3
	17	4 \ 13	3	9	1
22	9	3	1	7	2
15	8	1	6		

96

		11	3		
	7 \ 24	5	2	3	
14	8	3	1	2	30	6
8	7	1	13 \ 16	1	9	3
18	9	2	7	7 \ 17	6	1
		26	9	8	7	2
			17	9	8	

ANSWERS

97

	4	3				
3	1	2	23		4	3
13	3	1	9	3/6	1	2
	16	14/4	8	2	3	1
19	9	1	6	3	17	3
10	7	3	12	1	9	2
					9, 8	1

98

			17	6		
		12/11	9	3	11	
19	1	3	8	2	5	
3	2	1	4/24	1	7	16
	14	5	9	9/4	2	7
	23	2	8	3	1	9
		8	7	1		

99

	4	3		25	4	
4	3	1	8/34	7	1	
22	1	2	7	9	3	
		11	8	3		
	3	7	6	1	4	17
	25	2	9	5	1	8
	5	1	4	12	3	9

100

	17	3		18	17	
11	9	2	14/34	6	8	
30	8	1	7	5	9	
		11	9	2		
	9/3	8	1	16	17	
	28	1	6	4	9	8
	6	2	4	16	7	9

101

		10	17			
	9/4	1	8	17		
20	1	2	9	8	11	
7	3	4	10/17	9	1	4
	11	3	8	8/3	5	3
	15	9	2	3	1	
		3	1	2		

102

	16	4			6	17
10	9	1	6	10	2	8
11	7	3	1	12/24	3	9
		12/23	3	8	1	
	17/16	8	2	7	17	4
16	7	9	20	9	8	3
15	9	6		10	9	1

181

103

	17	15			
11	9	2		6	34
9	8	1	11/17	2	9
	20	4	7	1	8
	24	5	9	3	7	3
	4	3	1	5	4	1
				8	6	2

104

	4	21	11			
16	3	8	5			
11	1	7	3	11		
	10	6	1	3	11	
	14	2	5	7	16	
	10	2	1	7		
	13	1	3	9		

105

		3	30			
	9	2	7		16	3
	10	1	9	11/11	9	2
	19/4	6	5	7	1
18	7	1	8	2	17
12	9	3	10	1	9
			11	3	8

106

			17	23		
	17/7	6	8	9		
21	4	2	9	6	23	6
4	1	3	16/23	8	6	2
12	2	1	9	9/3	8	1
	21	8	1	9	3
	8	6	2		

107

		17	11			
	13	8	5		16	3
	10	9	1	8/27	7	1
	21/4	3	7	9	2
18	9	1	2	6	3
11	8	3	7	5	2
	10	9	1		

108

				6	16
			9	2	7
		11/29	3	7	1	9
	20	3	7	1	9
	14/24	2	9	3
	15/16	9	1	5
29	9	7	5	8
15	7	8		

ANSWERS

109

		29	3	6		
	14\	9	2	3	27	23
27\ 23\		7	1	2	9	8
17\	9	8	6\15	1	8	6
11\	8	1	2	16\16	7	9
20\	6	4	1	7	2	
		13\	3	9	1	

110

	16	35				
17\	9	8	6\		25	17
18\	7	9	2	8\10	1	9
22\ 17\	5	1	2	6	8	
31\	8	6	3	5	9	16\
16\	9	7	13\	1	5	7
			13\	4	9	

111

		23	3	34		
	18\ 15\	9	1	8	17	
29\	4	6	2	9	8	
10\ 16\	2	8	6\16	7	9	
12\	7	5	9\16	3	6	
24\	9	3	7	1	4	
12\	1	9	2			

112

			3	15			
	7\	2	5	34	17	16
27\	1	2	7	8	9
23\ 4\	3	1	6	9	7
16\	3	1	4	8	16\	
19\	1	2	3	4	9	
		16\	9	7		

113

	4	7	15		17	3
6\	1	2	3	34\10	8	2
30\	3	4	5	8	9	1
14\	1	4	9	20\		
16\ 4\	1	6	9	3
25\	9	3	2	4	6	1
8\	7	1	14\	7	5	2

114

	6	23		34	4
11\	2	9	12\ 27\	9	3
28\	3	8	9	7	1
17\	1	6	2	8	24\ 6
22\ 17\	8	6	7	1
30\	8	7	4	9	2
10\	9	1	11\	8	3

183

ANSWERS

115

	3	17	34			
16	1	8	7	30		
16	2	9	4	1		
		13	8	5		
		17	9	8	4	17
		24	6	9	1	8
			19	7	3	9

118

			4	24		3	4
	17	23	8 / 1	7	4 / 7	1	3
33	8	6	3	9	4	2	1
17	9	8	9 / 10	8	1	23	
	13	9	4	10 / 10	2	8	16
	4 / 17	3 /	1	2	16 / 4	9	7
39	3	8	5	7	1	6	9
10	1	9	4	1	3		

116

			3	24	16	
	22	16 / 34	2	8	6	
24	5	9	1	7	2	8
15	8	7	15 / 24	9	4	2
22	9	6	7	4 / 3	3	1
	25	8	9	2	1	5
	13	4	8	1		

119

		16	3			
	24	9 / 30	7	2	4	
27	8	6	9	1	3	10
17	9	8		4	1	3	24
16	7	9	4	10	1	9
	10	7	3	16 / 4	9	2	7
	25	1	9	3	4	8
		8	7	1		

117

				35	17	
	4	16	23	17	9	8
11	1	2	8	16 / 7	7	9
19	3	1	6	4	5	16
	28 / 4	3	9	1	8	7
5	1	4	17	2	6	9
9	3	6				

120

		29	16				
	12 / 6	5	7	3			
19	2	7	9	1	16		
9	1	8	11 / 3	2	9	11	23
13	3	9	1	15 / 17	7	2	6
		10	2	8	14 / 3	5	9
			21	9	1	3	8
				3	2	1	

184

121

					16\	17\	
	\16	\8		9\16	1	8	
12\	9	3	22\30	7	6	9	
31\	7	4	8	9	3	\24	
	\8	1	7	13\3	4	9	17\
	24\4	6	1	2	7	8	
	\7	1	4	2	\17	8	9
	\8	3	5				

124

			3\	23\				
	\10	24\	1	9	6\			
	\18	9	2	6	1			
8\	4\	7	11\24	8	3	12\	4\	
20\	3	8	9	6\6	2	1	3	
	\11	8	3	3\4	2	1		
	\19	7	2	1	9			
		\4	1	3				

122

	29\	4\			4\	16\	
\8	7	1	17\	12\7	3	9	
32\16	9	3	8	4	1	7	
14\	9	5	11\7	9	2	30\	3\
17\	1	8	2	12\3	1	9	2
	16\3	3	1	2	17\8	7	1
31\	7	2	4	1	9	8	
10\	9	1		14\	8	6	

125

		4\	16\				
	15\12	3	9	3\	35\		
4\18	3	1	7	2	5		
6\	1	5		8\	1	7	4\
7\	3	4	4\	7\	6	1	
	3\	2	1	17\3	11\	8	3
	23\	1	3	8	2	9	
	10\	9	1				

123

			4\	7\			
	16\3	7\	1	2	23\		
25\	9	4	3	1	8		
9\	7	2	13\24	4	9	23\	
	\9	1	8	14\7	6	8	3\
	\10	9	1	4\	11\	9	2
	\21	7	4	3	6	1	
		3\	2	1			

126

			24\	18\	4\			
		35\10	7	2	1	15\		
	11\28	8	9	7	3	1	6\	
25\	2	6	8	9	4\	3	1	
6\	1	5		21\	18\6	4	2	
17\	8	9	4\12	6	1	2	3	
	\30	7	1	8	9	5		
	\18	3	7	8				

ANSWERS

127

		21	3	16			
	14	4	1	9	17	21	
22 3		3	2	7	9	1	
3	2	1		13	8	5	4
7	1	6	16		5	4	1
	9	2	7	17	9 3	6	3
	27	5	9	8	2	3	
			12	9	1	2	

128

			11	16			
		9	2	7	7	24	
		22 3	1	9	4	8	
	24	10 23	2	8	8 17	1	7
16	7	8	1	19 7	8	2	9
17	8	9	13 17	4	9		
24	9	6	8	1			
		11	9	2			

129

				17	33		
			13 17	4	8	5	
		27 16	8	3	9	7	6
19	7	2	9	1	7	4	3
10	9	1		17	9 4	8	1
14	8	6	20 16	8	1	9	2
	23	4	7	9	3		
	12	3	9				

130

				3	4	26	
		39	9 4	1	3	5	23
	25	7	3	2	1	4	8
	6 7	5	1		7	1	6
12	4	8		11 4	2	9	
6	2	4	9 17	3	1	8	
29	1	9	8	2	3	6	
	16	6	9	1			

131

					16	3	
		35	4	11 34	9	2	
	21 16	6	3	4	7	1	
22	7	8	1	6	3		
16	9	7	10 3	9	1		
4	15 16	5	1	7	2		
27	1	7	9	2	8		
12	3	9					

132

			8	17			
		12 24	3	9	19		
	27 22 10	9	4	8	6	7	
22	9	4	8	1	8 18	7	1
17	8	2	7	12 22	9	1	2
6	5	1	25 4	9	7	5	4
	12	3	1	6	2		
		10	3	7			

186

ANSWERS

133

	16	10		23	28	4
12	9	3	17	9	7	1
8	7	1	10\18	6	1	3
	17	4	2	8	3	29\
8	2	6	13\23	8	5	
	29\17	5	8	9	7	4
16	9	1	6	11	8	3
21	8	4	9	10	9	1

134

			3	16		
	34	3	8\1	7	17	30
31\20	8	1	2	9	5	6
18	9	7	2	8\1	1	7
7	1	6		15\16	6	9
6	2	4	4\3	19\9	2	8
30	8	9	1	2	7	3
		4	3	1		

135

			4	17	39	22
	21	27\7	3	8	7	9
31	3	4	1	9	8	6
6	5	1		11\24	4	7
3\8	1	2	17	8	9	
8	2	6	14\16	9	5	
37	5	2	8	9	7	6
21	1	4	9	7		

136

			4	17	31	
	38	11\4	1	8	2	13
30\10	8	1	3	9	5	4
12	4	5	3		12	9	3
5	2	3		13\17	8	5
10	1	9	16\17	3	9	6	1
30	3	7	9	2	8	1
	15	6	8	1		

137

				17	3	
		26	3	10\18	9	1
	26\16	9	1	6	8	2
17	1	7	0	2	4	4	17
12	2	9	1	14\16	5	1	8
	25\16	5	7	1	3	9
27	1	7	8	9	2	
11	2	9				

138

			3	4	17	
	29	12\35	2	1	9	15
33	7	9	1	3	8	5	29
13	8	5			11	3	8
15	9	6		7	2	5
12	5	7	16\3	10\4	1	9
	31	8	9	2	1	4	7
		11	7	1	3	

187

ANSWERS

139

		16	23		
15	6	9		
10				
13	1	4	8	15
17				
20	8	3	1	6	2	24	3
17	9	6	2	12/23	3	8	1
19	3	6	1	7	2
21	8	4	9
14	9	5

140

		17	3		21	16
10	8	2	12/6	3	9
3	38
36	2	8	9	1	3	6	7
7	1	6	23	6	1	5
9	3	6	3	2	1	16
15	7	8	4	11/17	2	9
4
37	1	5	9	3	8	4	7
12	3	9	10	1	9

141

		23	4	30	
19	9	3	7
3	16
27	2	7	8	1	9	3
16	1	9	6	7/4	6	1
11/29	1	8	2
4
9	1	5	3	23	17	4
12	3	9	15/4	6	8	1
28	7	1	8	9	3
20	8	3	9

142

	17	7				6	17
12	8	4.			9	1	8
				34
10	9	1	34	20	8	3	9
6	2	4	8/4	6	2
11	6	1	4
20/6	8	3	9	23
17	2	7	13	7	6	3
20	8	3	9	9	8	1
10	9	1	11	9	2

143

						3	16
11	2	9
3	16	39	3
8	1	7	18/4	8	2	1	7
22	2	9	3	7	1
10	1	9	4
7	6	1	16	17
16
32	7	5	3	9	8
17	3
23	8	2	9	4	16	7	9
10	9	1

144

	3	4					
3	2	1	17	32		3	4
14	1	3	8	2	3/17	2	1
28	9	7	8	1	3
17/4	8	9
8	3	5	17
4	17
25	3	9	1	4	8	16	4
9	1	8	25	6	9	7	3
10	9	1

188

ANSWERS

145

		11	3				
	3	1	2	22		4	16
	9	3	1	5	10 17	1	9
5	3	2	19	1	8	3	7
6	1	5	16 3	7	9	29	3
	16	5 17	2	3	10	8	2
20	9	8	1	2	6 3	5	1
16	7	9	15	4	2	9	
				8	1	7	

148

		4	7			17	16
	4	3	1		17 6	8	9
	3	1	2	18 11	2	9	7
		9	4	2	3		
		6 23	5	1			
		10	9	1	6		
	17	10 4	6	3	1	4	
18	9	1	8	4		3	1
11	8	3		5		2	3

146

	17	3			30	4	
9	8	1	17	7	6	1	
19	9	2	8	10 10	7	3	
3	17	19	9	2	8	17	3
11	2	9	23 20	4	0	0	0
21	1	8	9	3	10 17	9	1
	4	18	8	1	9	17	4
	10	3	7	20	8	9	3
	6	1	5		9	8	1

149

	16	11					
11	9	2		21	4		
8	7	1	5 16	2	3	3	17
	31	8	7	4	1	2	9
3	17	17	9	3	16	1	8
11	2	9	10 16	1	9	7	
33	1	8	9	6	7	2	4
	12	7	5	5	4	1	
					4	1	3

147

		3	4		23	4	
	17 6	4	1	3	12	9	3
14	8	3	2	1	7 24	6	1
10	9	1	17	8 16	9	8	
	19	2	1	9	7	8	
	24 8	5	7	8	4		3
	5 17	3	2	17	4	3	1
9	8	1	15	9	3	1	2
13	9	4	9	8	1		

150

	24	6					
10	8	2				16	3
8	7	1	29	11 30	9	2	
19	9	3	7	14 3	6	7	1
		15	5	2	8		
	16	18 4	8	1	9	23	7
19	7	3	9	16	7	8	1
10	9	1			13	9	4
					8	6	2

189

ANSWERS

151

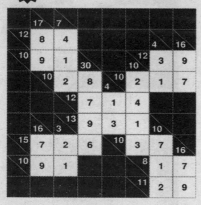

152

153

154

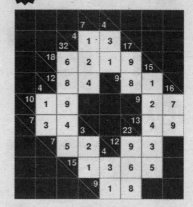

ANSWERS

155

			16	39	
	15	9	6		
17 / 4					
12	9	3	16/39	7	9	17
13	8	1	4	12/4	4	8
3	23	8	1	5	9
21	1	9	3	8	16 4
7	2	5	17/17	7	9	1
16	7	9	10	7	3
14	6	8

157

	6	29			16	16	17
10	1	9		20	3	9	8
9	2	7	18/10	2	7	9
8	3	5	35/4	3	1
19	8	5	2	4	29
27	9	4	6	8	7
8/4 3	7	1	9	7	2
9	1	2	6	13	9	4
12	3	1	8	6	5	1

156

	28	4	24			
14	6	1	7		41	3
4/13	1	3	9	9/4	8	1
7	3	4	17	8	1	6	2
6	1	5	3	12	3	9	16
4/8	7	1	24	11	4	7
13	1	3	2	7	16/16	7	9
5	3	2	19	8	9	2
21	9	7	5

158

	17	22	24	3			
18	8	2	7	1	16	
29	9	3	8	2	7	34	8
6/13	4	9	14	9	1	4
8	1	7	10	9	1
4	3	1	16	11/23	8	3
14	2	5	7	15/4	9	6	3
28	9	3	8	7	1
12	1	6	3	2

ANSWERS

159

	16	38	11				
17	7	9	1				
14	9	3	2	20		22	17
	13	8	3	2	16	7	9
	4/16	7	5	4	9/10	1	8
6	1	5	18	9	4	5	
9	3	6	9	5	1	3	4
				6	3	2	1
				9	2	4	3

160

			16	3			
	29	18/9	7	2	36		
20	3	2	9	1	5	6	
15/23	6	9		3	1	2	
24	9	8	7	24/8	7	1	
15	6	9	17	8	6	3	
9	8	1	16/16	4	7	9	
29	2	7	3	9	8		
	10	9	1				

161

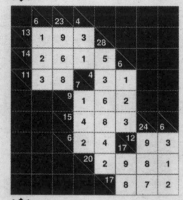

	6	23	4				
13	1	9	3	28			
14	2	6	1	5	6		
11	3	8	4/7	3	1		
	9	1	6	2			
	15	4	8	3	24	6	
	6	2	4	12/17	9	3	
	20	2	9	8	1		
		17	8	7	2		

162

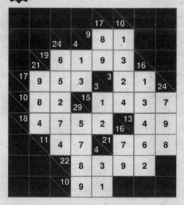

			17	10			
	24	4/9	8	1			
19/21	6	1	9	3	16		
17	9	5	3	3/3	2	1	24
10	8	2	15/29	1	4	3	7
18	4	7	5	2	13/16	4	9
	11	4	7	21/4	7	6	8
		22	8	3	9	2	
		10	9	1			

192